あなたの会社、金融機関はどう見てる?

中小企業の経営改善と会計の知識

公認会計士
増田正志
著

同文舘出版

はじめに

　1990年台初頭のバブル崩壊後，金融機関の経営状態は不良債権処理の重圧の中で悪化の一途を辿りました。金融緩和によって引き起こされたバブル経済期の金融機関の貸出攻勢は決して褒められたものではなく，無茶な貸出によって回収困難な不良債権が多額に上り，大手行までもが実質的に破綻する事態に至りました。そのような金融情勢下で，事業資金の多くを金融機関の融資に頼っていた中小企業では，「貸し剝し」や「貸し渋り」という状況に追いやられました。当時のテレビドラマでもこの貸し剝しの現実と，それに続く不良債権の買い叩き，いわゆるハイエナ・ファンドの跳梁の情景が放映されました。

　当時の金融機関に対する監督官庁が大蔵省銀行局から金融監督庁，そして金融庁に移管されましたが，当局の監督手法は大いに変わり，金融機関自らが行う自己査定制度が導入されました。その結果，金融機関のバックヤードでは，融資先である債務者の財政状態と経営成績を従来にも増して慎重且つ保守的に調査するようになり，貸し倒れリスクに見合った金利の徴収と，リスク回避のための融資の回収が行われたのです。債務者である中小企業の経営者の立場から知りたいであろう，自らがどのように金融機関の審査で評価されているのかの評価尺度を，筆者の監査実務経験からわかりやすく解説することが本書の最初のテーマです。そして，事業の再生や健全化に向けた多くの手法が新たに講じられました。その代表的な手法について説明をしています。次に，融資をする側から見た中小企業の会計処理のあり方を，現行の中小企業を対象とした会計基準等を用いて平易に解説し，あわせて製造業では必須となる原価計算についても触れています。最後に，本書で主に取り上げている「中小企業の会計に関する基本要領」で示されている表示方法の解説と，本要領に準拠することによるメリットを示しています。

本書が中小企業の経営者，経理財務担当者，そして中小企業に関与されている会計専門家の方に，金融機関の判断基準と中小企業向けの会計基準等の理解の一助になれば望外の幸せです。

中小企業の経営改善　目次

第1章　銀行はうちの会社をどのように評価しているのだろうか：金融機関の自己査定制度とは？　　1

❶ 銀行の自己査定制度とは　　2

1．気になる金融機関の顔色　2
2．自己査定制度の導入の背景を知っておきましょう　4
3．自己査定制度とは何のための制度なのでしょうか　6

❷ 自己査定ではどのような作業をするのでしょうか　　8

1．では債務者区分について説明しましょう　8
2．実はこの債務者を区分するということは難しいのです　9
3．債務者を要注意先と区分することとは？　9
4．破綻懸念先とはどのような状況を指すのでしょうか？　10
5．金融機関は破綻懸念先に新規追加融資はできるのでしょうか？　11
6．実質破綻先とはどういう場合を指すのでしょうか？　13
7．では，破綻先とは？　13

❸ 債務者区分と分類債権の関係を説明しましょう　　15

1．債権の分類とは何でしょうか　15
2．少し複雑になりますが，債務者区分と分類債権の関係を説明します　15
3．この債務者区分が金融機関の会計処理にどのように反映されるのか　17

❹ 金融円滑化法を聞いたことがありましたか？　　20

1．金融円滑化法はどのように制定されたのでしょうか　20

2．金融円滑化法とは　21
3．金融円滑化法はどのように適用されたのでしょうか　22

❺ 変わる金融検査 ……………………………………………………… 25

第2章 実際の自己査定はどのように行われるのでしょう　29

❶ 自己査定の始まり ……………………………………………………… 30
1．どのようなタイミングで金融機関では自己査定をしているのでしょう　30
2．こんなことをすると取り返しがつかなくなりますよ！　31

❷ 自己査定で先ず目を付けるところは ………………………………… 33
1．会社の規模による法規準拠性　33
2．企業グループの把握の難しさ　34
3．同族会社の特殊要因　35
4．税法に従った処理をしていることの意味　36
5．決算書が要件を満たしていない例　37
6．借入金の返済計画の実現可能性　37
7．事業再編で生まれ変わるか　38
8．経営環境の変化にアンテナを伸ばす　39
9．行政との関係を理由にできるでしょうか　39
10．事業計画の実現可能性　40
11．期間比較の有用性　41

❸ 貸借対照表の自己査定のポイントは……………………………… 43

1. 有価証券の評価　43
2. 保有する債権の回収可能性は？　43
3. 棚卸資産　45
4. 原価計算制度の必要性　47
5. 減価償却　48
6. 土地の評価　49
7. 内容がよくわからない勘定科目　50
8. 無形固定資産とは　51
9. 引当金の計上の有無　52
10. 営業債権と営業債務のバランス　53

❹ 損益計算書の自己査定のポイントは……………………………… 55

1. 売上高の内容を調べてみよう　55
2. 売上高はどのような事実を基に認識しているのでしょう　55
3. 原価と費用の区別はなぜ必要なのでしょう　58
4. 財務収支の計上額と資産・負債の対応関係を調べると　59
5. 非経常的な損益の計上　60

第3章　よく耳にしますが，事業再生とは？　63

❶ 事業再生に至る経緯 …………………………………………………… 64

1. バブル崩壊後の動き　64
2. 金融機関の立場　65
3. ここで事業再生の登場です　66

❷ 法的手法による事業再生について ……………………………… 68
　1．事業再生の法的な区分はどのようになっているのでしょう　68
　2．会社更生　69
　3．民事再生　70

❸ 事業再生の私的手法もあります ……………………………… 72
　1．事業再生の私的な区分　72
　2．中小企業再生支援協議会による手続について　73
　3．特定調停手続　75
　4．事業再生ADR　76
　5．私的整理ガイドライン　76

❹ 経営改善計画の策定では ……………………………………… 78
　1．合実計画と実抜計画とは何でしょうか　78
　2．合実計画とは　78
　3．実抜計画とは　79

❺ 中小企業への支援体制は ……………………………………… 81
　1．中小企業支援体制　81
　2．経営革新等支援認定機関の設置　82
　3．認定経営革新等支援機関の提供業務　83

第4章 中小企業会計指針と会計要領の内容は？　87

❶ 中小企業の会計基準 …………………………………………… 88

1．中小企業とは，その定義は？　88
2．中小企業が準拠すべき会計基準とは　89
3．中小指針の策定について　91
4．中小指針の構成内容　93
5．一方の「中小会計要領」について　94

❷ 中小企業の会計基準の取扱い ………………………………… 96

1．中小会計要領の意義を確認してみましょう　96
2．中小会計要領の適用対象会社とは　97
3．中小会計要領の採用への対応はどのように？　98

第5章 中小企業会計の各論　101

❶ 中小会計要領の総論 ……………………………………………102

1．中小会計要領の目的　102
2．中小会計要領と他の会計基準との関係はどのようになっているのか　103
3．会計処理の継続性に関して　104
4．複式簿記による記帳が前提です　105
5．会計の一般原則について　106

❷ 収益，費用の基本的な会計処理 ……………………………………109
1．収益の会計処理　109
2．費用の会計処理　111
3．費用収益対応の原則　112
4．費用・収益の総額表示　112

❸ 資産・負債の基本的な会計処理 ……………………………………113
1．資産の勘定科目　113
2．負債の勘定科目　114
3．基本的な会計処理　114

❹ 金銭債権および金銭債務 ……………………………………………116
1．金銭債権に関する会計処理　116
2．金銭債務に関する会計処理　117
3．割引手形および裏書譲渡手形の会計処理　117
4．営業上の債権・債務と営業外の債権・債務の区分　119

❺ 貸倒損失と貸倒引当金 ………………………………………………120
1．貸倒損失とは　120
2．貸倒引当金　121

❻ 有価証券 ………………………………………………………………124
1．有価証券の評価　124
2．有価証券の分類　127

❼ 棚卸資産 ………………………………………………………………128
1．棚卸資産とは　128

2．棚卸資産の評価方法および評価基準　128
　　3．時価の下落による低価評価　130
　　4．評価損の計上箇所　131

❽経過勘定等 ……………………………………………………132
　　1．経過勘定とは何でしょう　132
　　2．期間損益計算との関係　133

❾固定資産 ………………………………………………………134
　　1．固定資産の内容　134
　　2．固定資産の評価　134
　　3．圧縮記帳について　138
　　4．無形固定資産の種類　139

❿繰延資産 ………………………………………………………142
　　1．繰延資産とは何でしょうか　142
　　2．繰延資産の種類　142
　　3．繰延資産の償却　143

⓫リース資産 ……………………………………………………145
　　1．リース取引とは　145
　　2．リース取引の会計処理は　146
　　3．リース契約に係る注記が求められています　147
　　4．リース取引の会計処理の必要性は　148

⓬引当金 …………………………………………………………149
　　1．引当金の計上根拠を整理しましょう　149

2．賞与引当金　150

　3．退職給付引当金　150

　4．製品保証等引当金　152

⓭ 外貨建取引 ……………………………………………………153

　1．外貨建取引とは　153

　2．為替レートとは　153

　3．外貨建取引等会計処理基準　154

⓮ 純資産 ……………………………………………………………157

　1．純資産とは　157

　2．純資産の内容　158

　3．株主資本　158

　4．株主資本以外の純資産　159

⓯ 注記 ………………………………………………………………160

　1．注記の目的　160

　2．注記の内容　160

　3．重要な会計方針を注記する意義　161

　4．その他の注記事項　162

⓰ 税効果会計とは何のことでしょう ……………………163

　1．税効果会計の意義　163

　2．税効果会計の処理　164

　3．税効果会計の落とし穴　164

⑰ 減損会計 ……………………………………………………………167

1．減損会計とは　167

2．減損処理に関する会計基準について　167

3．減損処理の具体的な対応例　169

第6章　製造原価計算のすすめ　171

❶ 原価計算に関する基準，目的とその本質とは？ ……………172

1．原価計算に関する基準はあるのですか？　172

2．原価計算の目的　173

3．では原価の本質とは？　176

❷ 製品別計算はどのように？ ………………………………………179

1．単純総合原価計算　179

2．等級別総合原価計算　179

3．組別総合原価計算　180

4．個別原価計算　181

❸ 原価要素の分類基準について ……………………………………182

1．原価の分類とは？　182

2．原価の形態別分類　182

3．原価の管理可能性による分類　184

4．操業度との関連における分類　184

❹実際原価と標準原価 ……………………………………………187

1．原価計算上での予定計算　187

2．標準原価とは　188

3．原価差異の分析　189

❺製品と仕掛品の原価計算 …………………………………………191

1．製品の製造原価の具体的な計算方法は？　191

2．単一工程総合原価計算　191

3．原価計算の工夫　194

第7章　中小企業会計の計算書類の様式　197

❶貸借対照表の表示について…………………………………………198

1．貸借対照表の記載上の注意について　198

2．貸借対照表の様式　201

❷損益計算書の表示について…………………………………………202

1．損益計算書の記載上の注意について　202

2．損益計算書の様式　204

❸株主資本等変動計算書の表示について …………………………205

1．株主資本等変動計算書の意義と内容　205

2．株主資本等変動計算書の様式　206

❹ 個別注記表とは？ ……………………………………………………208

1．準拠している会計基準の記載　208
2．重要な会計方針に係る事項の注記　208
3．貸借対照表に関する注記について　211
4．株主資本等変動計算書に関する注記について　212

❺ 製造原価明細書を理解しましょう ………………………………213

1．製造原価明細書の意義　213
2．原価計算の重要性　215
3．製造原価明細書の様式　217

❻ 販売費及び一般管理費の表示について …………………………218

1．販売費及び一般管理費の明細の内容　218
2．販売費及び一般管理費の明細の様式　219

❼ チェックリスト ……………………………………………………220

1．チェックリストとは　220
2．チェックリスト　221
3．「中小会計要領」の普及について　223
4．保証料の割引申請と「中小会計要領」の活用　224

資料 …………………………………………………………………227
索引 …………………………………………………………………249

第1章

銀行はうちの会社をどのように評価しているのだろうか：金融機関の自己査定制度とは？

　銀行等の金融機関では，融資先に対する貸出金や保有している有価証券等の資産を自ら評価して，必要な貸倒引当金や評価減を行わなければなりません。一方で融資を受けている側としては，自らがどのように評価されているのか，大変気になるところです。金融機関の自己査定制度の概要を知っておく必要があるでしょう。

1 銀行の自己査定制度とは

1. 気になる金融機関の顔色

　事業を展開している中小企業としては，いろいろな面で金融機関と付き合いがあります。預金口座を作り，資金の決済のために当座預金を開設し，事業継続のための融資の申し込みなど，少なからず付き合いが続きます。預金の預け入れは通帳を作るだけで面倒な手続はありませんが，当座預金の開設ではいくつかの書類の提出が求められます。それが融資の申し入れとなると，訪れてくる渉外担当者を通じて融資の窓口で交渉を始めることになります。資金の使途や借入期間を交渉し，手形借入，証書借入ないしは当座借越という方法のいずれかを選択して手続を進めることになるのです。これはよく知られている手順です。

　当然金融機関が融資をする際には，会社や個人の信用調査を行い，約定通りの返済計画が実現可能であること，そしてもしもの場合に融資が焦げ付くことのないよう担保物の評価をします。金額の多寡や融資先の信用度によって融資金額，融資期間，そして金利が決まります。

　この後，金融機関の舞台裏ではどのような作業が行われているのでしょうか。当然融資した資金が約定通り返済されていれば問題はないのですが，すべて計画したとおりに会社経営ができるわけではありません。競合他社の出現，新製品の登場，景気の変動等々さまざまな経営環境の変化があります。その結果，場合によっては融資の約定通りの回収ができないこともあり得ます。ここで担当する金融機関の社員の腕の見せ所になるのです。とはいっても，むりやり借金の回収をするのではありません。融資した先の経営状態を慎重に観察する必要があるのです。返済が滞った理由が何なのか，一過性なのか，それとも構造的な問題が発生

したのか，それを判断しなければなりません。そして融資先に必要な手を差し伸べるための検討をするのです。このように金融機関は単に資金を融資し，それを回収するという役割を淡々と繰り返しているのではなく，融資先の経営そのものに着目して，適切な指導助言をする機能が求められているのです。このように金融機関には，預金者から預かった資金を融資したことによる責任があります。

金融機関の舞台裏では，融資先に対する評価を逐次行っています。融資先の決算書を吟味するのは当然ですが，決算期以外の機会でも逐次融資先の状況を見守る必要があるのです。融資先から提出された決算書，すなわち貸借対照表と損益計算書を中心に記載されている数字の信憑性を検証します。納得できない数値を見付けたら，早速融資先を詰問しその信憑性を検証し，正しい数値をはじき出します。そして必要な修正を加えた決算書に基づいて，融資先の状況を見極めるのです。ですから，保有する有価証券や棚卸資産，そして土地に含み損があっても，その含み損を無視して決算書を甘めに作成したり，売上高を架空計上して粉飾決算をしたとしても，すべてを修正して決算の内容を明らかにするのです。その見極めというのは，厳しい状況下にある融資先を支援し続けるのか，それとも融資した資金の回収を急ぐのかの判断をするのです。

金融機関には，貸付金等の債権，保有する有価証券等の資産に関して自ら査定することが求められています。多くの預金者から資金を預り，その資金を運用して預金者に利息を払うのです。この資金は多くの会社や個人の事業の運営のために融資され，また国や企業が発行する有価証券に投資されるのです。預金者は自らの資金がいかに安全に運用されているかを知るすべがなく，金融機関の健全な経営を願う以外にはないのです。もし金融機関が破綻するようなことがあれば，預金者に損害が及ぶことが考えられますが，それと同時に運用資金を借り入れていた会社や個人にも致命的な影響を及ぼしかねません。それこそ金融恐慌などと

いう経済的な危機が現実となり得るのです。現にリーマン・ブラザーズが破綻したときには，全世界の金融機関が凍り付いてしまい，金融恐慌前夜という状態が目の前にあったのです。そのようなことが起こらないよう，事前に金融機関を継続的に見守る必要があるのです。そして，この金融機関に自らの経営状態を検証させるように規定されたのが自己査定制度なのです。

　では，この自己査定制度によって，融資を受けている会社や個人事業者はどのような影響を受けるのでしょうか。最も気になるのが，金融機関が融資している会社や個人をどのようにみているかです。経営は安定しており，借入金の返済も滞っていないのでしたら，何も心配することはありません。しかし，経営が難しい局面に達しており，返済も滞り気味となると，金融機関の融資先をみる目が変わってきます。どのような状況に置かれると，金融機関の担当者の目が変わるのかは，会社の経営者や個人事業主として知っておきたいことです。次節以降でこの自己査定について概要を知っておいて下さい。

2. 自己査定制度の導入の背景を知っておきましょう

　バブル景気といわれたときからすでに20年以上が経過して，その後に生まれた方々が成人し，当時の宴を経験した人たちは現役を引退してしまいましたが，現在では考えられない程に金融が緩和され，巷にジャボジャボに資金があふれていました。そのために，大量の資金が社会に還流し，株式，不動産から，ゴルフ場の会員権，絵画や骨董品まで価格が高騰して，まさにバブルそのものでした。企業では交際費予算を消化するため，飲食は贅沢を極め，東京の銀座では深夜まで高級クラブが満席で，帰りのハイヤーやタクシーを確保するのも大変でした。

　1960年代に投資信託が脚光を浴びて，個人投資家の資金が証券市場に

向かいました。当時「銀行よさようなら，証券よこんにちは」という標語が躍りました。1990年前後のバブルの時期も，大量の資金が証券市場に集中し，日経平均株価が最高値を付けました。当時は多くの会社で設備投資などを理由にして増資や転換社債の発行によって，証券市場から多額の資金を調達したのですが，再びその資金で証券投資をするというように，証券市場で同じ資金が高速回転をする現象がみられました。まさにマネーゲームです。だぶついた資金は，不動産やゴルフの会員権，絵画などにも向かい，法外な価額で取引されたのです。こんな手口を聞いたことがあります。ある画家の絵をオークションに出して，グルになって落札価格を吊り上げるのです。その結果，事前に買溜めておいたその画家の描いた絵はその落札価格が基準になって高騰するのです。しかし，このバブル景気も平成3年頃から様子が変わってきて，バブル崩壊となりました。当時はこの不景気がこれほどに長く続き，回復に20年以上も要するとは誰も考えていませんでした。

　このバブルの崩壊によって，資金を供給していた金融機関は多額の不良債権を抱えることになりました。融資の担保としていた不動産価格や株価の暴落によって日本長期信用銀行，北海道拓殖銀行を始め多くの金融機関が実質的に破綻し，更に株価の暴落によって山一證券，三洋証券等の証券会社も破綻する事態に至りました。

　このような状況の下で，金融機関を指導・監督する行政に対する風当たりが強くなったため，不良債権が多額に嵩んだその責任は，無茶な融資に走った金融機関そのものにあるとして，金融機関の経営リスクを自らの責任とする方法が監督官庁によって講じられました。それがこの自己査定制度の導入となったのです。平成10年4月1日より金融機関に対する早期是正措置制度の下で，その健全性の基準となる自己資本比率の算出のための財務諸表の適正な表示を促すために，資産の自己査定制度が導入されることになりました。

3. 自己査定制度とは何のための制度なのでしょうか

　この自己査定制度とは，金融機関自らが保有する資産を評価して，その評価結果を財務諸表に反映させる制度で，これによって金融機関の財政状態，特に実態ベースの自己資本比率によって健全性を検証しようとしたのです。この計算方法には一定のルールがあり，そのルールに従って自己資本比率を算出するのです。国際業務を行う銀行等に対しては上記のルールに基づいて算出された自己資本比率が最低8％以上であることが求められました。もしこの基準を満たしていない場合には国際業務ができなくなり，これを国際基準といいます。また，国内業務のみを行う銀行等には自己資本比率が4％以上でなければなりません。これを国内基準といいます。この国際基準をBIS基準といいますが，BISとは国際決済銀行（Bank for International Settlement）のことで，このBISの委員会で決めた基準を世界の中央銀行総裁会議で承認したのがBIS基準なのです。

　国内の銀行でこの自己資本比率が8％を下回ってしまいますと，事業の継続に重大な支障が生じるとして，自己資本の増強のための増資が必要となりますが，投資家から健全性に難があるとして増資への応募が期待できない金融機関には，政府が公的資金を注入して財務の健全化を図ることになります。バブル崩壊後の厳しい経営環境下で，この公的資金の注入が多くの金融機関に対して実施されました。この公的資金は，破綻した金融機関に注入されることもありますが，健全化させて存続を図るために資本注入することもあります。この後者の場合で，資本注入を受けた金融機関では，支店の新設や行員数，給与水準まで制約がかかるため，一刻も早く公的資金を返済するために奔走することになります。この公的資金は，りそな銀行への3兆1280億円を始めとして多くの金融機関に注入されました。

さて、この自己査定とは、「金融機関の保有する資産を個別に検討して、回収の危険性または価値の毀損の危険性の度合いに従って区分することであり、預金者の預金などがどの程度安全確実な資産に見合っているか、言い換えれば、資産の不良化によりどの程度の危険にさらされているかを判定するもの」（信用リスク検査マニュアル）としており、各金融機関が自らを査定するものなのです。といっても、この自己査定基準は金融庁が定める検査マニュアルに準拠して作成されますので、各金融機関によって判断基準が異なるということはありませんし、定期的に金融庁による立入検査が行われており、自らに優しい査定をしていますと厳しい検査結果を突き付けられることになります。もし自分に甘い自己査定基準を定めて、それによって資産の評価をしていますと、金融庁検査によって大きな指摘を受け、多額の貸倒引当金の計上を求められることになります。その結果、利益の減少や赤字転落によって自己資本額が減少してしまい、自己資本比率の低下によって経営不安に陥るおそれもあり得ます。ですから、自分に優しい自己査定基準を作ること自体が、将来の大きなリスクになってしまうのです。

2 自己査定ではどのような作業をするのでしょうか

1. では債務者区分について説明しましょう

　自己査定では，まず融資を受けている債務者を，その経営状態と財務内容によって区分することになります。これが債務者区分といわれるものです。ここで債務者という単語が登場しますが，金融機関から資金を借りている者をいっています。金融機関から融資を受けている企業や個人は，この債務者区分によっていずれかのグループに区分けされます。

　債務者区分とは，融資を受けている債務者の財務状況，資金繰り，収益力等によってその融資金の返済能力を判定し，その結果によって5つの区分に分けるのです。その5つとは，正常先，要注意先，破綻懸念先，実質破綻先および破綻先です。ではこの5つの区分の定義をみてみましょう。

①正常先：業況が良好であり，かつ，財務内容にも特段の問題がないと認められる債務者。

②要注意先：金利減免・棚上げを行っているなど貸出条件に問題がある債務者，元本返済もしくは利息支払いが事実上延滞しているなど履行状況に問題がある債務者など今後の管理に注意を要する債務者。

③破綻懸念先：現状，経営破綻の状況にはないが，経営難の状態にあり，経営改善計画等の進捗状況が芳しくなく，今後，経営破綻に陥る可能性が大きいと認められる債務者。

④実質破綻先：法的・形式的な経営破綻の事実は発生していないものの，深刻な経営難の状態にあり，再建の見通しがない状況にあると認められるなど実質的に経営破綻に陥っている債務者。

⑤破綻先：法的・形式的な経営破綻の事実が発生している債務者。

2. 実はこの債務者を区分するということは難しいのです

　金融機関では，融資先である債務者を通常3段階の作業によっていずれの区分に該当するかを判断することになります。まず債務者と直接接して融資をしている営業店（支店または本店営業部）で1次査定をします。債務者の身近にいて，債務者の現状を最もよく観察しているからです。次に金融機関の本部に設置されている自己査定専門の部署によって2次査定が行われます。この2次査定で，営業店の1次査定による債務者区分と異なる結果が出ることもあります。そして，最終的に内部監査部門で3次査定が行われます。この協議は慎重の上にも慎重に行われることになります。その後に定期的に検査のために訪れる金融庁検査の詰問に十分に耐え得る協議記録を残す必要があるからです。もちろん1次査定から3次査定までで各担当部署の結論が異なる場合には，各部署間による慎重な協議と，その重要性いかんによっては取締役会としての結論をまとめることも必要になります。査定結果によっては，債務者への融資を止めることにもなりかねませんので，債務者の命運を左右することにもなるのです。特に大口債務者（融資先）の債務者区分の判断で紛糾するような場合には，金融機関にとっても一大事となりかねません。債務者の状況が悪化したとして，より低い区分になりますと，融資額の貸倒に備えるために多額の貸倒引当金を計上しなければならなくなります。そうなると，金融機関の損益計算書に多額の引当金繰入額が計上され，大きな負担が生じることになります。

3. 債務者を要注意先と区分することとは？

　要注意先の債務者の捉え方には，判断に難しいところがあり，債務者区分をする実務段階でも苦労しているところです。銀行の担当者と金融

庁の検査官との意見が相違する点でもあります。ただし，業況が低調であっても次のような場合には直ちに要注意先とはしません。

① 創業赤字で当初事業計画と大幅な乖離がない債務者は，正常先と判断して差し支えないものとする。

② 赤字の原因が固定資産の売却損など一過性のものであり，短期間に黒字化することが確実と見込まれる債務者，または，中小・零細企業で赤字となっている債務者で，債権の回収可能性について，特に問題がないと認められる債務者。

③ 不渡手形，融通手形および期日決済に懸念のある割引手形を有する債務者であって，債務者の収益および財務内容を勘案した結果，債務者が不渡手形等を負担する能力があると認められる場合には，当該債務者は正常先と判断して差し支えないものとする。

要注意先の要件に該当していたとしても，上記の状況下にある債務者は直ちに要注意先に区分しないということなのです。

また，この要注意先の範囲も広く，経営状態がかなり苦しい状況にある場合には，この要注意先の中での要管理先というカテゴリーに入ります。この違いが数値として表れるのは，要管理先とされた当該融資先の債権に対する貸倒引当金の引当率が高くなるのです。それだけ金融機関の費用負担が増えるのです。

4. 破綻懸念先とはどのような状況を指すのでしょうか？

金融機関の自己査定担当者が最も苦しむのが，この破綻懸念先の判断です。というのは，債務者を破綻懸念先と区分しますと，積極的に融資できなくなるのです。融資金の回収に危険性がある先への融資は継続できないということなのです。テレビドラマの「ハゲタカ」の中で，銀行の担当者によって中小企業から融資を引き揚げるシーンが演じられまし

たが，このシーンこそが債務者の区分がランクダウンして，破綻懸念先以下になったことを現しているのです。金融機関の自己査定によって，経営成績の実態把握と資産の時価評価による評価減をした結果，実質的な財政状態を把握し，かつ今後の経営計画の予測によって良化する見込みが立たないような場合に，その債務者の区分が破綻懸念先となってしまうのです。このことは，その債務者を担当している金融機関の行員や支店の対応の変化によって推し量ることができます。金融機関から資金を借り入れている場合には，担当者の言動に注意しなければならないでしょう。

　この破綻懸念先を金融検査マニュアルでは前述の定義に続いて，「現状，事業を継続しているが，実質債務超過の状態に陥っており，業況が著しく低調で貸出金が延滞状態にあるなど元本及び利息の最終の回収について重大な懸念があり，従って損失発生の可能性が高い状況で，今後，経営破綻に陥る可能性が大きいと認められる債務者」としています。

　といっても，果たして破綻懸念先と判断すべきなのか否かは，査定担当者としては大いに悩むところなのです。以前には，金融機関がその債務者を資金的に支えるとの方針を主張することで，要注意先に区分することを検査当局も許容しましたが，現在の検査方針では単に支援するとの方針だけでは破綻懸念先への区分を回避することは認めていません。

5. 金融機関は破綻懸念先に新規追加融資はできるのでしょうか？

　金融機関から融資を受けている中小企業にとって，これが大きな問題となります。金融機関は単に債務者区分のどれに該当するかによって融資の是非を判断するのではないともいわれていますが，融資をするためにはそこに合理的な理由が必要になります。この合理的な理由ですが，追加融資によって融資先の経営状態が改善して既存債権の回収も期待で

きる場合であるとか，追加融資をしないことによって結果としてより大きな損失をきたすと予測できる場合が該当します。しかし，この合理的理由の説明は難しく，破綻懸念先に新規追加融資したことで損失額が大きくなった場合，当該融資の意思決定をした金融機関の役員に対して，善管注意義務違反による代表訴訟や損害賠償請求の原因になり得ると考えられるため，新規追加融資は実質的にはできないという結果になってしまいます。

　福島原発の事故で東京電力が経営の危機に瀕しましたが，実は融資をしている金融機関にとって，融資の継続および追加融資の是非に対して，この自己査定が大きく影を落としているのです。東京電力が破綻懸念先に区分されますと，金融機関の立場からは追加融資はもちろんのこと，現在の融資を継続することまでもが問題とされる可能性があるのです。日本の基幹産業である電力会社への融資がそれほど問題になるのかと考えられるでしょうが，結果として多額の回収不能額が出た場合には，外国人投資家を始めとする金融機関の株主が訴訟に訴えた場合，当該金融機関の取締役や監査役はきわめて苦しい立場に立たされることになります。ですから，東京電力としては２期間連続赤字，債務超過といった状況を回避したいと考えたのです。当時金融行政をまったく理解していない国会議員が，金融機関に東京電力に対する債権の放棄を求める発言をしたことがありました。金融機関が債権の放棄に応じるということは，当該債務者の経営状態がきわめて悪化し，債権を回収困難として放棄することを指し，原則として債務者区分が破綻先になることを意味するのです。そうしますと，金融機関として東京電力には一切の融資ができなくなってしまうのです。こんなことも知らない国会議員が，大見得切って記者会見で無茶な発言をしている映像を見た時には，呆れてしまいました。債務者区分がランクダウンして，債権放棄に応じた典型的な例は日本航空です。金融機関が2200億円の債権を放棄し，法的な手段を用い

て事業再生を図りました。当時の日本航空は実質的には債務超過の状態でしたから，破綻懸念先以下の債務者区分になっていたのでしょう。

6．実質破綻先とはどういう場合を指すのでしょうか？

　法的・形式的な経営破綻の事実は発生していないものの，深刻な経営難の状態にあり，再建の見通しがない状況にあると認められるなど実質的に経営破綻に陥っている債務者としています。いわゆる死に体ということです。具体的には，事業そのものは形式的に継続してはいるが，財務内容において多額の含み損があるか，あるいは債務者の返済能力からして明らかに過大な借入残高があり，実質的に大幅な債務超過状態が相当期間続いており，その解消が見込めない状況にある場合や，天災等の事故や経営環境の激変による多額の損失を被り，その再建の目途がつかない場合が該当します。債務の返済が滞りがちになり，返済計画の練り直し（リ・スケジュール）をした結果，返済額のほとんどが完済期に固まっているような状態（テイル・ヘビー:尻尾が重くなっている状態）では，実質的に返済不能であることがわかります。このような場合にも，厳しい判断が下されることになります。

　このように聞きますと，東北大震災の影響が即思い当たりますが，この災害については緩和措置が講じられています。

7．では，破綻先とは？

　破綻先とは，法的に経営破綻した先をいいます。破産はもちろんのこと，会社更生，民事再生などの法的な手続によって，当該会社の経営が行き詰ることです。この区分では議論のないところでしょう。金融機関としては，担保物で回収可能な額を上回る債権を貸倒として損失計上す

ることになります。無担保ないしは先順位の担保権者がいて，残余がない場合には債権額全額が貸倒損失となってしまいます。北海道拓殖銀行が破綻したきっかけは大口債務者の経営破綻でした。

3 債務者区分と分類債権の関係を説明しましょう

1. 債権の分類とは何でしょうか

　債権の分類に関しては，前述の「金融検査マニュアル」で規定しています。金融機関の立場から，貸付金をその回収の危険性または価値の毀損の危険性の度合いに応じてⅠ，Ⅱ，Ⅲ，Ⅳの4段階に分類します。各分類区分は以下のように定義されています。

Ⅰ分類：回収の危険性または価値の毀損の危険性について問題のない資産で，非分類ともいいます。

Ⅱ分類：債権確保上の諸条件が満足に満たされないため，あるいは，信用上疑義が存する等の理由により，その回収について通常の度合いを超える危険を含むものと認められる資産

Ⅲ分類：最終の回収または価値について重大な懸念が存し，したがって，損失の発生の可能性が高いが，その損失額について合理的な推計が困難な資産

Ⅳ分類：回収不可能または無価値と判断される資産

ここで資産の分類としていますが，これはあくまでも融資している金融機関の側からの見方で，貸付金は債権であり資産となるからです。融資を受けている会社にとっては当然ですが負債となりますので，立場の違いを念頭に置いてこの後を読んで下さい。

2. 少し複雑になりますが，債務者区分と分類債権の関係を説明します

　引き続き金融機関内での手続についての説明です。
　既述のとおり，債務者区分は債務者の返済能力に着目して，その能力

のレベルに応じて5つのグループに区分するのに対して，この債権の分類は債務者つまり融資を受けている会社又は個人の個々の資産の内容に応じて，その資金の使途や担保・保証の内容を評価して，債権の回収可能性の度合いを4つに分類するのです。ですから，同一の資産であっても，その返済可能額を測定して分類することになるのです。

この債権の分類では，債務者区分によって同一の資産であっても属する分類が異なることになります。その関係を次の一表に示します。

	正常な運転資金等	優良担保・保証（注1）	その他の担保・保証（注2）		その他（注3）
			（注4）	（注5）	
正常先	非分類	非分類	非分類		非分類
要注意先	非分類	非分類	非分類		非分類
			Ⅱ分類（注6）		Ⅱ分類（注6）
破綻懸念先	―	非分類	Ⅱ分類	Ⅲ分類	Ⅲ分類
実質破綻先	―	非分類	Ⅱ分類	Ⅲ分類	Ⅳ分類
破綻先	―	非分類	Ⅱ分類	Ⅲ分類	Ⅳ分類

（注1）は優良担保・保証を示しています。優良担保とは，預金，国債等の信用度の高い有価証券および決済確実な商業手形などのことをいい，優良保証とは公的信用保証機関，金融機関などの保証をいい，ともに回収可能性にリスクがないものをいいます。

（注2）は一般担保・保証を示しており，一般的な土地・建物との不動産や処分可能は担保物と，優良保証以外の保証をいいます。

（注3）ですが，ここはなんら保全措置がされていない部分のことで，いわば債務者に対する信用貸しとなっている部分です。

（注4）は一般担保をとっているのですが，その担保物の処分によって回収が見込める部分を指します。

（注5）は一般担保物の評価額と処分による回収見込み額との差額部分

です。一般的に担保掛目といいますが，その担保物を処分しますと，評価額よりも安くしか処分できないことがあります。その部分を回収可能見込額に反映するために，その担保資産の属性に従って一定の割引率を乗じて回収可能見込額を算出するのです。例えば不動産担保には時価に0.7を乗じるといったようにです。そうしますと，担保資産の評価額と回収可能見込額には差額が生じることになり，それがこの（注5）の部分になります。

（注6）は，要注意先の債権ですが，その債務者の状態によってⅡ分類額とされます。

この表をみますと，正常先債務者の債権は回収に何らの懸念もないということで，全額が非分類（Ⅰ分類のことです）となります。

要注意先の債権はその債務者の状況によって，Ⅱ分類となるものがあります。特に状況が厳しい債務者になりますと，正常な運転資金や優良担保等でカバーされている額以外はⅡ分類となります。

破綻懸念先ですが，回収に重大な懸念があるとしてⅢ分類額が計上されます。

実質破綻先と破綻先ですと，非分類額と担保によって回収可能な額以外はⅢ，Ⅳ分類とされます。

3. この債務者区分が金融機関の会計処理にどのように反映されるのか

さて，金融機関の自己査定について説明してきましたが，この一連の作業がどのように金融機関の会計処理に反映されるのでしょうか。このことが融資先，つまり金融機関から融資を受けている会社にも大きな影響が及ぶことになるのです。

金融機関は資金を融資して金利を稼ぐのが本業です。ですから，預金者からの預かった預金をどの程度融資に回しているかを示す預貸率と貸

付利息から預金利息を差し引いた利鞘が重要な経営指標となります。この融資がすべて回収できれば何の心配もないのですが，場合によっては回収できなくなることがあり，そのために貸倒引当金を計上するのです。その貸倒引当金を計上する際に，この債務者区分が重要な要素となるのです。

　貸倒引当金の引当率は過去の貸倒実績率を基準にして算出します。各金融機関によって多少の差はありますが，一般的には正常先で1％未満，要注意先で数％です。また要注意先の中でより経営状況が悪い先を要管理先としますが，この債務者の債権には十数％から数十％の引当率になっています。破綻懸念先以下の債務者区分になりますと，引当金の計上方法の考え方がまったく変わり，回収不能額を債務者ごとに測定することになります。担保でカバーされていない債権，つまり貸倒損失のリスクが高い債権に対しては十分な引当金を計上することになり，Ⅲ分類額とされた額の過半の金額を引当金繰入額とすることになります。より債務者の状況が悪化している実質破綻先や破綻先に対しては，Ⅲ分類額とⅣ分類額とされた全額を損失とします。

　融資先である債務者が破綻懸念先にランクダウンしてしまいますと，一般的には担保でカバーされていない債権に対して，多額の引当金を計上しなければならなくなります。金融機関は融資先の経営状態の悪化によって債務者区分のランクダウンを検討しなければならなくなるのですが，破綻懸念先となってしまいますと，相当額の貸倒引当金の追加計上をしなければなりませんし，あわせてその融資先への追加融資が難しくなります。前述のように悩ましい話なのです。

　また，正常先の債務者の経営状態が思わしくなくなり，要注意先にランクダウンしてしまいますと，債権額の数％の貸倒引当金を追加計上しなければなりません。この追加引当率は低金利の時期には，貸付利率よりも高くなり得るため，追加融資が赤字になってしまいます。そこで赤

字を回避するために，その融資先には貸出金利を引き上げて，貸倒引当金の増額に見合う相当額の金利を徴収しなければならなくなるのです。

　これが金融機関の台所事情です。公定歩合や市中金利に変動がないときに，金融機関が金利の引き上げを求めてきたら，相当の理由があると推測できます。場合によっては会社の債務者区分がランクダウンされていることも考えられます。金融機関の融資担当者の顔色や態度に何となく表れるのではないでしょうか。会社にとって金融機関の担当者の顔色は大変気になる点です。

**金融円滑化法を聞いたことが
ありましたか？**

1. 金融円滑化法はどのように制定されたのでしょうか

　バブル崩壊後ようやく日本の経済に薄日が差し始め，景気の回復が語られるようになった矢先に，世界経済を震撼させる事件が勃発したのです。米国で返済能力に問題のある低所得者向けの住宅ローンが予測したように焦げ付き，それから始まったこの問題が顕在化した，いわゆるサブ・プライム・ローンを含む金融商品のデフォルトを契機に，欧州の大手金融機関も巻き込んだ金融恐慌です。このサブ・プライム・ローンですが，信用力に問題のあるローンをかき集めてファンドを組成し，あたかもリスクの低減が図られたが如き金融商品を作ったのです。異なる債権や証券を組み合わせることで，リスクの分散によりローリスク・ハイリターンを謳い，信用格付けもトリプルAとされたのですから，それを信じた投資家，この場合には金融機関だったのですが，たまったものではありません。米国の大手投資銀行であるリーマン・ブラザーズが2008年9月15日に破綻し，世界中を巻き込む経済的な混乱をきたすことになりました。世界の金融市場が疑心暗鬼に陥り，凍り付いてしまったのです。リーマン・ブラザーズに続いて，大手保険会社のAIGも経営危機に陥ったのです。AIGもサブ・プライム関連の金融商品を抱えていたため，住宅価格の低下や金融商品の格下げの影響を受け多額の損失を抱え，損失額は2008年通期で992億9000万ドルとなりました。この金額は1ドル120円とすると11兆9148億円ですので，この大きさにビックリします。AIGは日本にも進出してきていた保険会社で，もしこの会社も破綻させると余りにも影響が大きいため，米国政府はAIGを救済しました。これが米国発のリーマン・ショックです。

海の向こうで起こったこととはいえ，世界の景気が落ち込み，日本の企業にも少なからず影響が及びました。グローバル化の効果は，この出来事が一瞬にして全世界に波及し，世界の資本市場も機能不全に陥ってしまいました。世界大恐慌の始まりともいわれ，絶望感が世界経済を覆ってしまったのです。もちろん株価は暴落し，製造業では生産計画を見直し，殆どの会社が業績予測の下方修正せざるを得なくなったのです。特に体力の乏しい中小企業への影響は甚大なものになりました。そこで当時の民主党政権の亀井金融担当大臣の提唱で，このリーマン・ショックによる景気沈滞に対する方策として，急遽「金融円滑化法」(俗称)を成立させ，2009年12月に施行しました。その内容は，金融庁による金融機関への検査方針をやや緩めるというものでした。当初の制定時では２年間の時限立法でしたが，２度の延長をして2013年３月31日で期限を迎えて適用が終了しました。２度延長したということは，それだけリーマン・ショックによる影響が長引いて，中小零細企業の立ち直りに時間を要した現状を現しているということでしょう。この円滑化法の制定は亀井大臣の剛腕によるものです。

2. 金融円滑化法とは

　この金融円滑化法の適用によって，金融機関に対する金融庁の検査の姿勢が従来に比べて緩和するというよりも，検査官の態度や判断基準が180度変わったのを衝撃的な記憶として憶えています。当時金融機関の会計監査人として，金融庁の検査担当官と意見交換をする場面があり，個々の債務者の評価に対する基本的な姿勢が，その債務者の弱点を指摘して債務者区分を引き下げる議論に終始しました。それが，この金融円滑化法施行以降その検査方針が顕著に変わり，むしろ債務者区分を据え置くか引き上げるまでに主張が変わったのです。それに加えて，金融機

関が中小企業からの相談に懇切丁寧に対応しているか否かについて詳細に調査するようになったのです。この変化には驚きました。それだけ債務者，特に中小企業の経営状態の改善には不透明な要素が多く，将来を見通せる環境にはなかったので，まずは優しく判断しようということになったのです。このリーマン・ショックは1930年代の世界大恐慌の再来とまでいわれ，欧米の金融機関の間での資金市場は機能を停止してしまい，ドルとユーロの信認が大いに揺らいでしまったのです。その結果円高が進み，製品輸出もままならず，国内消費も落ち込んでしまい，多くの製造業の生産計画が一斉に下方修正され，多くの下請け企業でも親会社からの発注は止まってしまいました。このような経済環境下で，経営に苦しむ中小零細企業，そして住宅ローンを借りている個人に対する手当としてこの金融円滑化法が成立・施行されたのです。

3. 金融円滑化法はどのように適用されたのでしょうか

単に「金融円滑化法」といっていますが，正式名称は「中小企業等に対する金融の円滑化を図るための臨時措置に関する法律」です。この法律の目的が次のように第1条に規定されています。

「この法律は，最近の経済金融情勢及び雇用環境の下における我が国の中小企業者及び住宅資金借入者の債務の負担の状況にかんがみ，金融機関の業務の健全かつ適切な運営の確保に配慮しつつ，中小企業者及び住宅資金借入者に対する金融の円滑化を図るために必要な臨時の措置を定めることにより，中小企業者の事業活動の円滑な遂行及びこれを通じた雇用の安定並びに住宅資金借入者の生活の安定を期し，以て国民生活の安定向上と国民経済の健全な発展に寄与することを目的とする。」

この目的にある住宅資金借入，つまり住宅ローンを借りている個人に

対しても，従来のように機械的・形式的に判断するのではなく，積極的に債務の返済方法の相談に乗るように各金融機関に求めたのです。

同法第4条に金融機関に対する指示が示されています。

「金融機関は，当該金融機関に対して事業資金の貸付けに係る債務を有する中小企業者であって，当該債務の弁済に支障を生じており，または生ずるおそれがあるものから当該債務の弁済にかかる負担の軽減の申し込みがあった場合には，当該中小企業者の事業についての改善又は再生の可能性その他の状況を勘案しつつ，できるかぎり，当該貸付の条件の変更，旧債の借換え，当該中小企業者の株式の取得であって当該債務を消滅させるためにするものその他の当該債務の弁済に係る負担の軽減に資する措置をとるように努めるものとする。」

実は金融検査の際の検査官の質問の中に，債務者からの相談件数と相談内容の記録，そしてどのように対応したかの報告を詳細に求めました。つまり，債務者に対してどのように優しく対応したのかを聴取したのです。

また，住宅ローンの債務者に対しても，同法第5条で，以下のように規定して，住宅ローンの債務者に対する手当もしたのです。

「金融機関は，当該金融機関に対して住宅資金の貸付けにかかる債務を有する住宅資金借入者であって，当該債務の弁済に支障を生じており，または生ずるおそれがあるものから当該債務の弁済に係る負担の軽減の申込みがあった場合には，当該住宅資金借入者の財産及び収入の状況を勘案しつつ，できる限り，当該貸付けの条件の変更，旧債の借換えその他の当該債務の弁済に係る負担の軽減に資する措置をとるよう努めるものとする。」

当然ここには債務者の「財産及び収入の状況を勘案」とあるように，何が何でも融資を継続することを求めている訳ではなく，債務者にとって可能な手段を講じることを求めているのです。

そして，金融機関は，中小企業者等から債務の弁済に係る負担の軽減の申込みがあった場合等における対応を円滑にとることができるように，その対応措置の実施に関する方針の策定，対応措置の状況を適切に把握するための体制整備等の必要な措置を講じなければならないとしたのです（同法第6条）。

　そのような措置に関して，金融機関は，6月を超えない一定期間ごとに，対応措置の状況および体制整備等の措置の概要に関する事項等を記載した説明書類を作成し，営業所等に備え置き，公衆の縦覧に供しなければならないこととされたのです（同法第7条）。

　この金融機関に求めている対応を政府が確認するために，金融機関は，6月を超えない一定期間ごとに，対応措置等の詳細に関する事項を行政庁に報告しなければならないこととしたのです（同法第8条）。

　そして金融検査を実施する行政庁に対しても，「行政庁は，銀行法その他の政令で定める法律の規定による金融機関に対する検査及び監督の実施に当たり，中小企業者及び住宅資金借入者に対する金融の円滑化を図ることにより，中小企業者の事業活動の円滑な遂行及びこれを通じた雇用の安定並びに住宅資金借入者の生活の安定を期すとのこの法律の趣旨を十分に尊重するものとする。」（同法第10条）と具体的に指示しています。

　俗称「金融円滑化法」を，条文を引用して詳しく説明しました。そしてこの法律が平成25年3月末で期限を迎えて適用が終了しました。同法が金融機関に求めていた施策の内容を知りますと，施行の終了後検査当局はどのような対応になるのかが心配になります。そこで同法の適用終了による影響を最小限に止めるような施策が図られたのです。

5 変わる金融検査

　前節で金融円滑化法について説明しましたが，この法律は金融機関に対する行政庁，つまり金融庁の検査方針を時限立法によって指示したものでした。ですから，前述のように金融検査に接してきた立場からしますと，内容によっては180度の方針または判断の変更があったとの印象でした。当時会計監査人と検査官の意見交換の場では，検査官側にも少なからず戸惑いがあったような印象を受けました。リーマン・ショックに端を発した経済の停滞の中で，中小企業に対する特段の判断指針を示したものでした。でも，中小企業に関する会計を説明する本書で，何故この金融検査について触れることにしたのかといいますと，事業を継続する上で資金調達は最重要事項であり，その調達先である金融機関が置かれている状況を知っておく必要があると考えたからです。

　金融機関の担当者からは，日銀考査，税務調査，会計監査人監査，そして金融庁検査と，絶え間ないほど外部のチェックを受けていますので，受検に疲れてしまうという声が聞こえました。金融機関の自己査定についてはすでに説明してきましたが，金融機関が最も気にかけているのが金融庁の検査です。従来の検査では，金融機関の自己査定に対して厳しい指摘をし，場合によっては全面的に否定されることもありました。

　例えば，足利銀行の一時国有化や，UFJ銀行への公的資金注入とそれに続く東京三菱銀行との経営統合は，この金融検査の結果が大きく影響したものです。

　この金融庁検査ですが，既述の金融円滑化法施行以降検査方針が柔軟になったといわれています。日本経済新聞に「変わる金融検査」「成長マネー供給に軸足」（平成26年7月8日朝刊）という記事が掲載されました。ここでは，「金融機関が抱える不良債権の抑制を重視してきた従来

方針を転換経済成長に貢献するリスクマネーを供給できているか点検する枠組みだ。」と伝えています。金融機関は預金によって資金調達して，これを融資することで資金運用するというのが本業です。経営指標の中でも，預貸率（預金量のうち貸出金の占める率）が重視されるのは，どれ程産業の血液である資金を産業界に潤沢に循環させているかということなのです。そして，検査方針を次のように続けています。「金利競争に陥らない成長融資の取り組みはどうか。『格付けや表面的な数字だけで判断しないでほしい』『業績が晴れの日も雨の日も継続的に融資を』。」「地銀の存在意義が問われるのは優良な貸出先への融資増ではない。焦点は，貸出に注意を要する融資先の再生や創業間もなく財務基盤が弱い新興企業の育成だ。道半ばの成長融資をいかに軌道に乗せるか。人口減は地銀に明確な回答を迫る。」と，この記事は締め括っています。

　晴れの日は傘を差出し，雨が降り始めたとたんに傘を取り上げると，揶揄されたたとえを逆手にとった表現をしています。金融機関の立場から考えてみますと，貸出金を増やしたいのはやまやまですが，かといって貸倒の確率が高い先には貸し出せないということなのです。ただ，中小零細企業の中には将来の本田技研やソニー，そしてHIS，楽天やソフトバンク，ジャパネットたかた等のように成長する可能性を秘めた事業や，新たな技術，ノウハウ，ビジネスモデルを以て社会に打って出ようとしている会社が実はあるはずなのです。長い間，財務諸表の数値と担保の有無によって融資の判断をしてきた金融機関の融資担当者にとって，明日の成長企業を探し出すというのは至難の業なのです。これから会社を大きく成長させようと期待を胸に創業したばかりの会社には，なかなか資金を提供してくれる金融機関はないのです。

　一方，同じタイトルで新聞に「地銀の「国債依存」点検」（日本経済新聞平成26年7月11日朝刊）という記事が掲載されました。前述の預貸率と同様に重要視されている指標に「預証率」があります。文字通り預金

量のうち証券投資額の占める割合のことです。金融機関は預金を集めて，主に貸付金と証券投資で運用するのですが，主要な運用先は貸付金です。しかし，多くの金融機関では預かった資金の運用先，つまり貸付先がなく，余った資金を証券投資に回しているのです。預金を集めるためには，預金者に支払う利息（最近はほぼゼロに近いほど小さくなっていますが），人件費，支店等の施設の維持費，高機能のシステム維持費等の資金調達コストがかかりますので，預金者から預かった資金を金庫にしまっているだけでは赤字になってしまいます。そのために資金の運用先として証券投資に目が向かっていくのです（金融機関の支店などでもっている現金は，その支店の規模にもよりますが，精々1～2千万円程度です。意外に少ないのですが，現金でもっているということは，その資金が運用されていないことを示します）。金融機関の多くが，かつてバブルが崩壊して株価が大幅に下落し，その損失処理に大変苦労しました。その結果株式投資にはきわめて慎重になり，価格下落リスクの少ない債券，特に発行者が破綻するリスクのない国債，地方債等に投資している例が多いのです。しかし，この20年間に国債等の債券のクーポンレートはきわめて低くなってしまいました。現在の政権の政策いかんですが，もし金利が上昇するようなことがありますと，既発の債券の価格は大幅に下落してしまいます。金利による債券の価格変動リスクです。30年ほど前の話ですが，高いインフレ下で債券の利回りも年8％を超えたときがありました。そのときに既発の年6.1％クーポンの国債価格が暴落し，多くの金融機関で多額の評価損を計上することになりました。年8％の利回りなんて現在では想像もつきませんが，もし現状で利回りが年3％以上になったとしますと，クーポンレートが1％未満の債券の価格は大幅に下落し，多額の損失が発生します。金融機関の証券投資において，低クーポンの債券に多額の資金を投資することのリスクを問題視しているのが，前述の金融検査における「地銀の「国債依存」点検」という方針に反映されたの

です。「「国債保有リスク」を集中点検した。「日銀が買ってくれるいまが売り時。将来金利が跳ね上がった時に致命傷を負いかねない。」金利が上昇する局面になれば，国債を大量購入した銀行の財務の健全性に疑問符がつく。」と前述の紙面に掲載されていました。

　ここでいわんとしていることは，金融機関の社会的な責務が証券投資にあるのではなく，医者が患者の治療に必要な輸血をするように，企業に資金を流していくことが本来の役割ではないかと問い質しているのです。

第2章

実際の自己査定はどのように行われるのでしょう

　金融機関における自己査定の現状を，実務経験から解説します。企業がいろいろな手で決算書にお化粧を施しますが，この自己査定ではこのお化粧をクレンジング・クリームで剥がしていくのです。そしてスッピン，つまり真実の姿を目の前に出してみて，現実を知った上で融資先，つまり債務者の区分を決めるのです。今後金融機関として取引先の会社，つまり当該債務者とどのように付き合っていくかを決めるのです。

1 自己査定の始まり

1. どのようなタイミングで金融機関では自己査定をしているのでしょう

　融資を受けている事業者は，個人であれば事業所得の計算書が添付されている所得税の確定申告書を，会社でしたら決算期の計算書類つまり決算書を，金融機関の融資の窓口，一般的には取引している支店に提出しているでしょう。通常はこの資料の入手のタイミングで融資先の自己査定に着手します。決算期は会社によって異なりますので，決算書の入手時期も異なりますが，決算が終了して3ヵ月経過しても提出しないと，少なからず不信感をもたれてしまいます。といいますのは，税務署への確定申告書の提出期限が決算日から2ヵ月以内で，提出期限の延長申請をしていても3ヵ月以内となっているため，税務申告は必ずしているはずなのです。にもかかわらず，申告期限を過ぎても決算書を提出してこないとなると，金融機関との信頼関係は大いに損なわれることになります。決算期ですが，上場会社ですと多くが3月決算ですが，非公開会社ですとテンデンバラバラです。昔は流通業で多かったのが，2月または8月決算です。1年の間で閑散期が2月と8月といわれていますので，その暇な時期に決算をするのです。しかし，実際の中小企業では依頼している税理士事務所の都合で決算期を分散させている例が多いのです。

　この決算期以外のタイミングでは，事業の展開に変化があった場合に自己査定をすることがあります。会社の業績が良化した場合または悪化した場合にその事実を知った時点で債務者区分の変更の要否を検討するのです。もちろん良化した場合にはランクアップですし，悪化した場合にはランクダウンを検討することになります。金融機関の渉外担当者，俗に外回りという人たちですが，取引先を訪ねて事業所の様子や経営者

との会話で状況を観察するのです。突然取引先が手形の不渡りや夜逃げなどとなりますと，渉外担当者は普段何をみていたのかが厳しく問われます。中小企業の経営者も，金融機関にはなるべく正直ベースで話をしていた方がいいのです。金融機関はそのような経営者には信頼感をもちますし，いざとなったときには相談に乗って貰えます。

2．こんなことをすると取り返しがつかなくなりますよ！

　金融機関から税務署の納税証明の提示を求められることがあります。通常ですと，決算期から3ヵ月後までに税務署に提出する確定申告書を提示するか，コピーを渡すのですが，その申告書に記載されている納税の事実を確認するために納税証明を求めるのです。

　実はこんな手口がありました。税務署に当期純利益が計上されている決算書に基づいた申告書をいったん提出して，税務署の受理印を押してもらいます。そしてその直後に決算に錯誤があり，当期純損失に基づく申告書を提出期限内に再提出します。その結果納税額はなくて済みますが，先に提出して受理印を押してある黒字決算の申告書を金融機関に提出するのです。事実は赤字なのに黒字とした決算に基づく申告書をみた金融機関は，税務署の受理印が押してありますので疑いをもちません。そこで実際に納税したことを確認するために，税務署の納税証明を徴求するのです。しかし，この検証手続に対してもその上を行く手を使うのです。いったん納税をして納税証明をとった後で，課税所得に計算の誤りがあったとして更正の請求をして，納税額を取り戻すのです。そうしますと，この納税証明も有効な検証手段ではなくなります。

　しかし，このような手口を使う会社は決して長持ちはしません。毎期の決算でこのような操作を繰り返すことで，辻褄の合わない点が随所にでてきて論理が破綻してしまうのです。毎決算期にこのような粉飾まが

いの手口をあの手この手で考えるのですから，本業が疎かになってしまいます。このような会社は金融機関の信頼を失い，冷たくあしらわれてしまい，困ったときに手を差し伸べてはもらえません。くれぐれもご注意ください。

2 自己査定で先ず目を付けるところは

1. 会社の規模による法規準拠性

　難しい表現をしましたが，会社にはその規模によって従うべき法令の定めがあります。会社が従うべき会社法では，資本金5億円以上または負債の合計額が200億円以上の会社に対して，公認会計士または監査法人の会計監査を義務づけています。株式を公開している会社は，会社法に定める金額基準に達していなくても，金融商品取引法によって同様の会計監査を義務づけています。公開会社で会計監査人がいない場合には，証券取引所への上場はできませんし，会計監査人不在となりますと上場廃止になります。一方株式を公開していない会社では，大した罰則規定がなく，「100万円以下の過料に処する。」（会社法第976条）としているだけです。変な話ですが，公認会計士の監査報酬額と過料とのどちらが安いかといえば，過料の方が安いでしょう。実はこの会社法に定める会計監査の有無が大きな問題となった事例があります。インターフェロンの開発で名を上げた岡山の代表的な企業である株式会社林原です。同社は会社法によって会計監査が求められる規模であったにもかかわらず，長年にわたって監査を受けていなかったのです。そして大規模な粉飾決算を繰り返し，結果として破綻して会社更生法が適用され，100％減資によって林原一族が経営権を失い，長瀬産業の子会社として存続しています。この事件を契機にして，金融庁から全国の金融機関に対して指示が出て，融資先の総点検が行われました。会社法上会計監査を受けなければならない会社が受けていないということがないように，というのです。林原のメイン・バンクは中国銀行と住友信託銀行でしたが，会計監査を受けていないことに気が付かなかったようなのです。

その後，このようなことが起こらないように，会社の規模によって準拠すべき法令に従っているかを，金融機関は厳しくみるようになりました。そして同様の事実が多数出てきました。この会計監査というのは，筆者が長く携わってきた業務ですが，監査を受ける側からしますと，痛くもない腹を探られてあまりいい気持ちはしないでしょう。しかし，一定規模以上の会社に成長するということは，従業員や取引先を始め多くの利害関係者に囲まれて，社会的な責任も当然のことですが大きくなります。会社の決算が経営成績や財政状態を適正に表していることで，多くの利害関係者に迷惑をかけることがないようにしているのです。

2. 企業グループの把握の難しさ

　会社が異なる事業を展開する際によく用いる経営手法に分社化があります。確かに事業の内容が異なり，その経営方法も異なるため分社化は合理性がありますが，外からその企業グループをみる場合に，その実態が捉え難い場合があります。各会社の根っ子が同じであり，緊密な関係の下で事業展開しており，取引関係も当然あります。公開会社であれば連結財務諸表を作成しますので，その企業グループの経営成績や財政状態を把握できるのですが，非公開会社で連結財務諸表を作成している例は多くはありません。

　自己査定でこの企業グループを概観する最も簡易な方法は，貸借対照表と損益計算書をそれぞれ単純合算して，わかるかぎりの情報でグループ内の取引や貸借関係を相殺消去してみるのです。融資を受けている会社の決算書ではなんら危惧されるような数値は表れていないのですが，グループ内の会社に問題があり，それを考慮すると決して遜色のない会社とは断じ得ない場合があるのです。特に中小企業や同族会社の場合には，創業者や経営者個人とその親族が複雑に絡み合っていることもあり，

その関係も解きほぐして考える必要があります。また，業種が広範囲に及び，会社間の関連性がまったく認められない例も散見されます。運送会社が美容室の経営や，バー・クラブの経営まで，オーナーの個人的趣味としか考えられない会社が出資と債権・債務で複雑に絡み合っているのです。こうなるとどのように分析したらいいのかわからなくなります。このようなことは例外ですが，分社化が進んでいる企業グループの状況を把握する簡便な方法としては，そのグループ会社全体を同一利害と考えて，懸念される事実を考慮して債務者区分を検討することになります。

3. 同族会社の特殊要因

　中小企業の場合には，創業者を含めその同族関係者が深く経営に関与し，会社との間の債権債務が多額に上ることもあります。いわば会社と同族の運命共同体となっており，個人資産も考慮して会社の財政状態を判断することもあります。例えば，同族経営者が会社に多額の貸付金を有しているような場合，会社にとっては実質的に返済を猶予されている債務と考えることができます。まさか同族経営者が会社からむりやり貸付金を回収して会社を破綻させることは考えづらく，会社にとってこのような借入金は資本に準じたものであろうと考えることができるのです。逆に経営者や特定の個人に対して多額の貸付金や未収入金がある場合には，その回収可能性はきわめて低いおそれがあります。慎重に判断しなければなりませんので要注意です。

　公開されている一般的な会社では，個人と法人（会社）との間のこのような関係はあまりないでしょうが，（大王製紙のように御曹司が子会社の資金を使ってしまうという例外もありましたが）同族経営者が実権を握っている中小企業では，法人と個人の峻別が明確になっていない例が有りがちなのです。

4. 税法に従った処理をしていることの意味

　法人税法の規定では，法人（会社）の確定決算に基づいて課税所得を計算する確定決算主義をとっています。この確定決算では，「一般に公正妥当と認められる会計処理の基準に従って計算されるもの」（法人税法第22条）と定めており，法人が従うべき会計基準に従った決算を前提にしています。しかし，法人税法での目的は適正な利益を計算することではなく，課税所得を算出して納税を促すことです。ですから，税務上の手続の中には公正な会計慣行に従って算出した利益に，この会計基準の趣旨とはかけ離れた手続を定めている条項もあるのです。そうしますと，税法の規定に準拠しているからといって，会計上適正な処理がなされているとは考えられないことがあるのです。多くの中小企業が会計処理上最も重視し，注意を払っているのが税法の定めですが，税法をあまりに重要視することで，会計上許容されない会計処理がとられるという結果になると，それを鵜呑みにするわけにはいかないことになります。本来あるべき適正な決算書にするために，税務上の規定に従って処理した数値を修正しなければならなくなります。

　最近の税法改正では，諸外国に比べて高いといわれている税率を引き下げる一方で，課税所得が多めに算出されるように改正されてきていますので，会計理論と税法規定が大きく乖離しています。この点を十分に承知しておきませんと，税務上の計算だと課税所得が計上されているはずなのに，自己査定上で会計処理を修正した決算書では赤字となることも起こり得るのです。

5. 決算書が要件を満たしていない例

　中小企業ですと多くの場合税理士に決算書の作成と税務申告を依頼しているものと思います。ですから，決算書すなわち貸借対照表，損益計算書および株主資本等変動計算書と個別注記表が揃っていれば，ここに記載されている数値を出発点にして決算書の分析をするのです。しかし，自己流で決算をしているような場合には，必要な資料が揃っていない，重要な会計方針等の注記が十分ではないなど，本来具備されているべき要件が記載されていない決算書があります。そのような場合，その決算書の信憑性にも疑いが生じます。やはり一定の雛型に沿った記載が求められます。

　自己査定の現場でみる決算書の中には，判断材料として決定的に要件が不足しているものもあり，その決算内容を疑ってかかることになり自ずと厳しい目でみることになります。

6. 借入金の返済計画の実現可能性

　融資を受けている債務者が金融機関に提出してくる事業計画書には，キャッシュ・フロー（資金繰り）を説明する資料を加える必要があります。借入時の約定通りの返済が可能であり，なんらの条件変更も必要ないのでしたら，今後の返済も無理なくできることを説明してあればいいのです。しかし，借入当初の約定通りの返済が難しくなっているか，すでに滞っている場合，金融機関と返済方法の変更を協議することになります。これがリ・スケジュール（通常「リスケ」といいます）ですが，その変更の結果，借入期間の後半ないしは最終返済時に多額の返済が行われるような計画（「テイル・ヘビー」といいます）ですと，実際に完済が可能なのかが疑われます。考えられるテイル・ヘビーが可能となる理由

は資産の売却による代金を充てることですが，その売却によって事業の継続に支障が出るような場合ですと，その売却計画そのものに無理があります。当然そのような資産ですと，金融機関からの融資の担保に入っているはずですから，その担保順位によって後順位の担保権者への弁済に制約が生じます。まず先順位の担保権者に優先して弁済しなければなりませんので，その説明も必要になります。

　一般的にテイル・ヘビーですと，回収困難と推測せざるを得なくなりますので，借入債務の返済計画には合理性が強く求められるのです。

7. 事業再編で生まれ変わるか

　最近はM&A（英語のmergers and acquisitions（合併と買収）の略です）などによって事業を整理・統合する例を多くみます。資源を限られた分野に集中するのか，広範に事業展開をしてコラボレーションを図るのか，製造と販売を統合する垂直型の組織を目指す等の多様な事業再編がみられます。ただ，この事業再編の評価は難しく，事後の事業展開の推移を慎重に見守る必要があるのです。もし簡単にできることでしたら，なぜ今までやらなかったのかという疑問が生じます。

　従来の日本の企業社会では，会社を売買するような実務慣行はなかなか受け入れられませんでしたが，最近では会社の譲渡，事業部門の売却等の事業再編をよく耳にするようになりました。その成功例もありますが，話題にはならない多くの失敗例もあります。M&Aに関しては慎重に臨むべきでしょうし，自己査定を行う金融機関の担当者も大いに頭を悩ましている事案です。

8. 経営環境の変化にアンテナを伸ばす

　マスコミの報道で意外な展開を知ることがありますが、かつて絶好調だった会社が思わぬことで経営の危機に直面することがあります。ファースト・フードのトップが減収減益に苦しみ、居酒屋チェーンを先導していた会社が店舗の整理に追われ、コンビニやコーヒーチェーンの全国展開がマスコミを賑わすように、経営環境は絶えず変化を繰り返しています。

　かつては地元を代表する建設会社が公共事業の縮減で受注を大幅に減らし、同業他社と低採算工事を取り合う経営環境下では、起死回生を狙って策定した事業改善計画の順調な遂行は期待できません。会社がバラ色の事業計画を示しているのでしたら、金融機関の自己査定担当者はその会社の姿勢そのものに対して懐疑的にならざるを得ません。

　果たして融資先の事業が経営環境の変化に対応できているのだろうか。経営者はどれだけ会社の周りに気を配っているのだろうか。金融機関は融資先が策定した事業計画が経営者の夢物語にならないよう、その動向をその会社の経営が置かれている環境に照らして注視しているのです。いかに会社の舵取りをしているのかを十分に説明できなければなりません。饒舌で金融機関の担当者を煙に巻く経営者もいますが、その後の会社の実績が経営者の演説の説得力を奪ってしまいます。経営者たるもの、会社と会社を取り巻く環境を十分に把握していなければなりません。

9. 行政との関係を理由にできるでしょうか

　地域経済を論じるときによく市町村の意向なるものが登場することがあります。地方自治体の首長からの要請ないしは協力依頼など、特定の会社や事業に対して、地域経済の維持または活性化のために是非とも融

資先の会社が必要であるというのです。確かに地域金融機関としては，そのテリトリーとしている地域の経済があってこその信用事業ですから，そのことを考慮しないわけにはいかないでしょう。しかし，融資先である債務者の状況を判断する際には，自らが制度化した自己査定マニュアルに基づかなければなりません。

　もし，地方自治体の議会で特定の債務者に対する債務負担行為を承認しているのでしたら，たとえ債務者区分がランクダウンしたとしても金融機関には貸倒損失は発生しませんので，融資を継続して受けられます。つまり債務負担行為によって，もし債務者が返済不能となった場合には，地方自治体が肩代わりするのですから，貸倒損失は発生しないのです。ただ，実際にこのような取組の実例は少なく，某地方自治体の住宅供給公社でも貸倒は発生しましたし，自治体が深く関与している土地区画整理組合でも事業計画の破綻に際して当該自治体からの補塡はありませんでした。このように，会社は行政とは独立して存在しているのであり，会社自らの責任において今後の経営計画について説明する必要があるのです。会社は行政との関係を理由にあげて，経営の健全化計画を説明するには無理がありますので，慎重に対処すべきでしょう。

10. 事業計画の実現可能性

　債務者の中にはかなり厳しい状況にある会社が少なからずあります。そのような会社からは，およそ5年間程度の事業計画，将来予測の提出を求めます。

　ここでよく使われるのが金融庁の金融検査マニュアルに登場してくる「合実計画」と「実抜計画」という言葉です。

　合実計画とは「合理的かつ実現可能性の高い経営改善計画」のことを略した表現です。実抜計画とは「実現可能性の高い抜本的な経営再建計

画」を略したものです。詳細は次章で説明することにしますが，会社が立てた計画がこの合実計画または実抜計画に該当し，実現可能性が高いと認められれば，その計画を前提にしてその会社の債務者区分を決めることになります。

　ただ，多くの場合に会社が作成する事業計画はいずれもバラ色の計画で，ほぼ右肩上がりの収益見込みを前提にしています。このような計画をどのように判断するかが自己査定の作業となり，すでに結果が出ている過年度の計画と実績を比較してその乖離状況から，将来予測の数値にストレスを掛けて辛めの予測に書き直してみます。ストレスを掛けても債務の返済に大きな支障は生じないと判断できれば，それが合実計画であり実抜計画ということになります。しかし，実際にはストレスを掛けると，その事業計画の実効性がきわめて難しいものとなる例が多いのです。金融機関の重要な業務として，融資先である会社との間で，実現可能な事業計画に焼直すように協議を重ねていることがあり，債務者である会社にとって厳しい場面となります。実はこのような場面で，面倒見のいい金融機関かどうかがわかります。どうにかして事業を継続して，貸付金の回収を図るために，経営に必要な助言をすることこそが金融機関の担当者の真骨頂なのです。会社の経営者は普段から金融機関の姿勢や能力を観察しておく必要があるでしょう。

11．期間比較の有用性

　会社には当然過去の実績があります。その実績を示す決算書を時系列に並べて，決算書に示されている過去の数字の推移を比較するのは分析上用いる常套手段です。この時系列の比較表ですが，結構いろいろなことがわかるものです。公開会社が金融庁に毎期提出している有価証券報告書でも，その最初のページにサマリー（概況）として過去5年間分の

決算数値が一表にして開示されています。投資家（プロ）はこの有価証券報告書を分析して、会社の状況変化を把握し次年度以降の業績を予測するのです。その際に最初に目を向けるのがこのサマリーです。自己査定においてもこのような期間比較表を用いて分析し、数値の変動に違和感をもったときには、その違和感を解消するためにより詳細にその内容を分析してみます。もちろん融資の窓口になっている本支店の融資担当者、そして直接債務者にも聞くことがあります。この分析は決算書の異常点から不正を摘出することのみを目的にしているのではなく、分析対象となっている会社の特色を把握するのにきわめて有用なのです。過去の分析結果から将来の事業計画の妥当性、実現可能性を検証する手段の1つになるのです。

　経営者も自己の会社の過去の決算に関して、時系列比較を作成しておくといいでしょう。数値の変動理由を分析し、その原因を知っておくことで、今後起こるであろう経営環境の変化がどのように会社の業績に影響を及ぼすのかが予測可能となるのです。金融機関の担当者も同様の分析をしているのですから、「彼を知り己を知れば百戦殆うからず」です。

3 貸借対照表の自己査定のポイントは

貸借対照表に計上されている数値を，どのようなポイントに着眼して評価するのか，いくつかを例示して説明してみましょう。

1. 有価証券の評価

所有する有価証券を時価に引き直して資産額を計算します。この有価証券の評価では，上場有価証券でしたら時価がありますので簡単なのですが，非上場ですとその評価が難しくなります。計上されている金額に重要性があるのでしたら，その有価証券を発行している会社の決算書で純資産額をみることになります。もし債務超過や資本の欠損の状態であれば，それを反映した評価額にします。一方上場有価証券で時価が帳簿価格を上回っている場合，つまり含み益がある場合にはその額を上乗せします。非上場有価証券の場合には当該会社の真実の財政状態が情報不足でわからない場合が多く，少なからず煩わしい問題があります。とりあえず決算書上の純資産額で再評価してみますが，その有価証券の評価額の増減額はその場の査定担当者が判断することになるでしょう。非上場会社の決算書の信憑性を確かめる必要があるのですが，実務上はきわめて難しいハードルがあり，査定対象会社の貸借対照表の資産額に占める金額的重要性によって，より詳細な内容を調べるか否かを判断することになります。

2. 保有する債権の回収可能性は？

債権には商取引によるものと，その他の取引によるものとがあります

が，ともに資産性の有無を判断するために，その内容を調べる必要があります。

　商取引による債権とは売掛金，受取手形等が該当しますが，当然この債権の発生原因は売上等の商取引によるものです。そうしますと，大した売上高がないのにこの売掛債権が多額に発生するわけはあり得ません。もし多額に残っているのでしたら，長期にわたって底溜まりのように未回収のまま残っている債権ということになるでしょうし，長期滞留であれば回収可能性に問題があることになります。また，商取引がない先に対する売掛債権がもしあれば，不思議な話になり，その存在に疑問が出てきます。通常の商取引であれば取引先との約定によって決済期日が決められているはずですから，それを大幅に超える債権は何らかの問題が生じていると考えられます。また，受取手形と支払手形が対応しているような場合には，通常の商取引の有無を疑います。資金繰りのために振り出した融通手形があるのではないかと推測します。つまり相手より受取った手形を金融機関で割引いて資金化して資金繰りに使うのですが，振り出した支払手形の決済にいずれ窮してしまうのです。このような取引では手元に受取手形が残っていませんが，支払手形が債務に計上されていますので，その振り出した原因を追及するとわかるのです。

　ここで少し脱線します。昔この受取手形を使って金融機関や取引先を信用させた事件がありました。製品の販売を大手商社を通じた取引にするのです。つまり製品の売り先を大手有名商社に紹介し，その製品を製造している会社から仕入れて商社を介して得意先に売るというのです。当然商社には販売手数料が落ち，自社が本来手にすることができた販売利益を失うことになり，場合によっては赤字にもなります。しかし，いったん商社を介することで，その商社振出しの手形を受け取ることができるのです。大手商社が振り出した手形ですので信用力は絶大で，金融機関で直ぐに割引くことができますが，それ以上にその大手商社と取引

しているという実績ができます。これによって，金融機関や取引先から大いに信用され，融資を受け易くなったというのです。しかし，このような取引が長く続くわけはありません。いずれ損失が嵩んで経営が行き詰ってしまいました。

話を元に戻しますと，この他にも気を配って債権の内容を調べます。売上高の推移に比べて営業債権が増加している場合には，この残高のうちで不良化している残高があるのではないかと疑います。また，特定の取引先に対する債権が増加傾向にあると，その内容を精査します。もちろん商取引が僅少で債権額が多い場合には要注意です。

また，債権の中には商取引によらないものもあります。他に対する貸付金や未収入金，立替金等です。いずれもその相手先の返済能力，回収可能性を検討しなければなりません。結構このような債権が放置されている例が多いのです。役員に対する貸付金や未収入金も要注意なのです。なぜ会社が役員に資金の貸付けをしなければならないのかを精査することになります。

3．棚卸資産

棚卸資産というと，商品，製品，原材料，仕掛品，貯蔵品そして建設業ですと未成工事支出金等があります。要するに本業で売るものです。以前NHKで監査法人を舞台にしたドラマが放映されましたが，その中で棚卸資産の実地棚卸の場面が登場しました。帳簿に計上されている棚卸資産が実際に倉庫にあるのかを調べるのです。現物そのものを自らの目で確認するのですから，監査上高い証拠力がある監査手続です。そしてドラマではあるべき在庫商品がないのです。このように現物がない場合は言語道断なのですが，実は物が実在していてもその評価が問題となるのです。長期滞留品，変質している物は売れませんので，相当の評価

減をしなければなりません。アパレルなどの流行が重視される商品などは，売れ残ったそのときから二束三文になるおそれがありますし，特定の商品で年間売上量を上回るような在庫はなかなか換金できないのですから，処分するか評価減をしなければならないでしょう。監査の現場で，1年前に売り出したスキーウェアの売れ残りをカッターナイフで切り裂いて処分しているところをみました。翌シーズンでは正価で売れませんし，その年のウェアを売るためにも邪魔になってしまいますので，処分するのです。このようなことは他の業種でもあります。建設業の貸借対照表に計上される未成工事支出金という勘定科目名を書きましたが，これは完成前の建設途中での未完成工事に係る投入原価のことです。施主（注文主）の破綻等の理由で工事が途中で止まってしまったような場合，工事を進められるのか，完成してもその工事代金を受け取ることができるのか，正常な棚卸資産といえるのかを検証しなければなりません。バブルが弾けた後で，多くの開発業者（デベロッパーといいます）が破綻し，開発途中の建物やゴルフ場，リゾート施設が完成しないまま放置された現場をみたことがあります。工事を請負った建設会社は，途中まで工事が進んでいるのに，完成後の引き取り先がないのと工事代金の回収の目途が立たないため，工事を中断せざるを得ないのです。このような工事現場では，鋼材が露出して錆がでてきていたり中途半端な土留めのために土砂崩れが始まっていたりで，もはや工事を再開できる状態ではありません。このような状況にある未成工事支出金の資産価値はきわめて乏しいものと考えられます。

　商品や製品を扱っている会社では，その在庫の実地棚卸が必須です。現物に当たることで棚卸資産の状態がわかるのです。破損している，変形している，ほこりが積もっている等視覚からもはや帳簿価格での評価が難しいとの推測が可能になります。

　昔筆者が酒の小売店を営んでいるときに，当時依頼していた税理士さ

んが棚卸商品の数量操作を指示してきたことを思い出しました。棚卸の記入表は鉛筆で書くようにともいわれました。利益が出過ぎているので棚卸商品を少し減らしてほしいとの内容でした。その結果売上原価が少し増えて，その分利益が減り，もちろん納税額も減りました。そして，その後に顧問料の値上げ要請を受けました。またあるときには，赤字では目立ちますので棚卸資産を増やすよう指導され，黒字決算にして多少の納税をしました。実は棚卸資産の在庫をいじることは比較的簡単なのです。その操作が翌期以降に処理できずに残ることは少なく，貸借対照表の他の勘定科目に影響が残らないのです。しかし，この操作は売上総利益率の変化に現れますので，損益計算書の分析から疑問点として浮き出てくるでしょう。操作にも限界があるのです。

4．原価計算制度の必要性

　製造業を営む会社では，製品の製造原価を計算する方法・制度をもっていなければなりません。昔指導に行った中小企業ですが，電子部品の製造業であるにもかかわらず原価計算制度がありませんでした。その理由を聞いたところ，その会社の売上高に対する原価率は過去の経験則から8割程度であるとして，売上粗利益を2割程度としていました。その結果，その皺寄せは在庫に向かいます。もちろん製品や原材料，仕掛品の実地棚卸はしていませんでしたので，実在庫はよくわからない状態でした。そこで帳簿上の在庫と実在庫を照らし合せる実地棚卸を，工場の製造ラインを止めて実施しました。その結果，帳簿上の在庫と実在庫の差が約3億円強出てきました。帳簿上の在庫金額が売上高に比べて大き過ぎると感じていましたので，やっぱりそうだったかと合点がいきました。つまり原価計算制度がないのですから，製品の原価が正確にわからないのです。この会社の年間売上高は25億円前後で，毎年黒字決算をし

て納税に励み，地元の税務署から優良法人の表彰を受けていました。しかし，毎月のように資金繰りに苦しんでおり，実際には赤字が続いていたのです。

　このように製造業であるにもかかわらず，原価計算制度がないということは致命的な欠陥になります。計算方法はその製造ラインの精粗によって，また原材料の投入の仕方によっていろいろなバリエーションがあります。原価計算制度の存否によって，その会社の決算書の信頼性が左右されます。自己査定では，製造業である以上原価計算をどのように計算しているのかを問い質すのですが，現実にはなるほどと頷ける回答を得ることは少ないのです。製品を生産している中小企業では，この原価計算制度を検討し，経済性と妥当性を満たす制度設計をすべきでしょう。

5. 減価償却

　建物や機械装置，車両運搬具や機器備品のような有形固定資産は，販売用に取得する物ではなく，事業用に使うために取得する物です。これらの資産はその使用によって老朽化して価値が減少しますので，その減少を何らかの方法で認識しなければなりません。それが減価償却で，その価値の減少を一般的には使用頻度を最も表す時間の経過に求めています。建物ですと堅固なもので最長50年，一般的な乗用車で5年というように，税法規定で資産の種別やその用途によって耐用年数が定められています。携帯電話のCMに登場する犬がいますが，生物も減価償却計算の対象になります。ちなみに犬，猫は8年となっています。

　さて，このように固定資産に投下した資金を費用化して回収計算をするのが減価償却計算ですが，収益が厳しくなりますとこの減価償却をしていない例が散見されます。つまり減価償却費を敢えて計上しないことで，費用額を過少にして利益を嵩上げするのです。要するに粉飾なので

すが，減価償却費を計上しないことが粉飾になるという感覚が，一般的にどういうわけかないようなのです。会社は経営の実態を決算に反映しなければならないのですが，減価償却に対する認識がやや薄いと思うのです。このような場合にはその償却不足額を当該固定資産の帳簿価額から差し引く計算をしますので，その償却不足額を純資産額から差し引きます。

　実は，法人税法上この減価償却費の計上を強制してはいません。税法の規定では，会社自らが減価償却費を計上していないのなら，課税所得の計算上損金への計上ができませんので，課税所得と納税額が多くなります。税務当局としては法人自らが費用計上していませんので，本来の納税額よりも多く負担して貰えるのですから「ごっつあん！」です。法人税法の規定で「確定決算主義」をとっており，法人が決算上で費用計上（損金経理といいます）していないのならば，税務上も損金としては認めないというのです。

　実際に減価償却不足額があるという事実がわかった段階で，粉飾決算に等しいことをしていますので，決算書全体の信憑性が疑われてしまいます。

6．土地の評価

　土地は有形固定資産ですが，時間の経過に伴ってその簿価を費用化する減価償却計算はしません。俗に「土地は腐らない。」というのです。しかし，バブル経済当時を思い出しますと，地価が暴騰した後で暴落したのですから，実は腐ることもあるのです（これは比喩ですが）。所有する土地の価額が下落している場合には，相当の評価減を認識しなければなりません。金融機関では土地の評価額に関しては敏感に反応します。融資をする際の有力な担保物ですので，その評価方法や担保掛目に関し

ては日常業務として熟達しています。昔から所有している土地でしたら多額の含み損を抱えることは少ないでしょうが，購入したタイミングによっては大幅な時価の下落に見舞われることもあり得ます。その土地が本社事業所や工場に使われていて，十分に収益を上げているのでしたら，あまり評価には拘らないのですが，事業の用には供していない遊休地だったり，そこを使って営んでいる事業が赤字で採算がとれないような場合が問題になります。そのような場合には評価減をすることになり，その額を純資産額から差し引くことになります。

　また，不動産会社や建売住宅販売会社のように販売用の土地を多く所有していることもありますが，なかなか売れずに含み損を抱えることがよくあります。このような土地は固定資産ではなく，販売用不動産として棚卸資産に該当します。ですから，通常の商品や製品と同じように，時価が下落しているのでしたら評価損を計上しなければなりません。

7. 内容がよくわからない勘定科目

　仮払金，未収入金，その他の流動資産という科目名で資産に計上されており，しかも金額が大きい場合があります。支払内容の詳細はわからないが先ず払わなければという理由で支払った後に，一時的に使うのがこの仮払金という勘定科目です。日本の実務では気軽に使う傾向がありますが，米国では仮払金をSuspense Paymentといい，この勘定科目の使用を避けています。筆者が若い頃に外資系の会社のBookkeeping（記帳代行）を請負った際に，米国の親会社からのCash Remittance（送金）の内容が不明だったため，Suspense Receipt（仮受金）としてMonthly Report（月次報告）を郵送しました。すると数日後テレックス（30年以上前ですからメールもファクスもありませんでした）で，Suspense Accounts（仮勘定）を使ってはいけないという文書が届きました。やはり

仮勘定は危険なのです。月次報告書を作成している期間に仮勘定の内容がわかるはずですから，本来の勘定科目に差し替えるべきでしょう。やはり仮勘定は注目されます。

　未収入金も営業取引上の債権であれば売掛金になるはずですから，営業取引以外で生じたものと推測できます。詳細がわからないその他の流動資産ではもっと困ります。これらの勘定がもし多額に計上されているとしたら，その内容を債務者に問い合わせて詳細を追及しますが，納得できる説明を得られないとしますと会社の姿勢を大いに疑うことになります。

8．無形固定資産とは

　目にみえないそして手で触れられない，物理的な存在ではない資産を「無形」といっていますが，代表的なものとしては暖簾（のれん），特許権，借地権，商標権，実用新案権，意匠権，鉱業権，ソフトウエアなどがあります。この資産の評価で厄介なことは，前述のとおり，見て，手にとって実在性を確認できないことなのです。特許権，商標権，実用新案権，意匠権等のように法的に保護されている権利でしたら，ある程度明確になりますが，暖簾となりますとその評価が難しいのです。会計上資産として認識されるのは有償で取得した場合です。よく例にするのですが，同じ製造元の海苔の贈答品であっても，有名百貨店の薔薇の包装紙で包装されているものと，あまり聞いたことのない量販店の包装紙で包装されているものでは，貰った人の受ける印象が異なるでしょう。そこには有名百貨店に暖簾という無形の価値を意識しているからなのです。このように老舗といわれる商店には，他にはない潜在的な超過収益力があるのです。これが暖簾なのですが，江戸時代から続く越後屋呉服店がその後の三井財閥の礎となり，現在の三越になっているのです。となれば，三

越には相当の暖簾が存在することになりますが，自ら長い歴史を重ねて醸成したブランドは，有償で他から取得したわけではないので資産計上されないのです。その他の無形固定資産も同様に資産として計上されているだけの価値があるのかはよくわかりません。貸借対照表に多額に上る無形固定資産が計上されている場合には要注意ですし，その価値の有無を慎重に判断することになります。一般的には，資産として計上する以上，収益獲得に貢献するはずですので，もし何の効果も認められないのでしたら資産性が乏しいとして評価減ないしは償却して，純資産額から差し引きます。

9. 引当金の計上の有無

引当金とは，「将来の特定の費用又は損失であって，その発生が当期以前の事業に起因し，発生の可能性が高く，かつ，その金額を合理的に見積ることができる場合」（企業会計原則注解16）に計上しなければなりません。そして「当期の負担に属する金額を当期の費用又は損失として引当金に繰入れ，当該引当金の残高を貸借対照表の負債の部又は資産の部に記載するものとする。」（同上）としているのです。ですから，上記の要件を満たしている場合には必ず計上しなければならないのです。

代表的な引当金には，貸倒引当金，賞与引当金，退職給付引当金（退職給与引当金）があり，賞与引当金や退職給付引当金（退職給与引当金）は負債の部に，貸倒引当金は資産の部から控除する形式で貸借対照表に計上されるのです。

貸倒引当金は，売掛金や貸付金等の債権の貸倒に備えて事前に計上するのです。その債務者の状況や過去の貸倒発生額の実績等を勘案して計上します。

賞与引当金は，従業員の賞与支給に備えるために計上するもので，賞

与の支給対象期間に応じて計算します。また，退職給付引当金（退職給与引当金）は従業員の退職金の支払いに備えて引き当て計上するのです。この引当金は従業員を雇用していると通常は引当計上が必要になります。

　前節で税務上の処理について触れましたが，この引当金の計上に関して税務上は損金算入に制限があり，引当金の計上にはやや後ろ向きの傾向があります。この引当金繰入額の損金算入を制限することで，課税所得を多くする仕組みなのです。（税率を引き下げる一方で損金算入額を制限するという詐欺のような仕組みです）。しかし，税務上の規定はいかであれ会計上は引き当てるべき条件を満たしている場合には，たとえ損金不算入でも計上しなければなりません。

　会社の決算書において上記の引当金が計上されていない場合には，重要な会計処理が欠落しているのではないかと疑って，内容を精査することになります。

10. 営業債権と営業債務のバランス

　売掛金と受取手形などの営業債権と，買掛金と支払手形などの営業債務の計上額のバランスをみます。得意先との代金決済条件と仕入先のそれとは必ずしも同じ条件とは限りませんが，あまりに残高のバランスがおかしな場合には，それぞれの決済条件を確認します。

　売掛先と買掛先のリストを徴求して，その計上額を比較し，どのように売上高および仕入高が推移しているのかを調査し，異常を感じた先があれば精査するのです。もし粉飾に手を染めていて，売上高の架空計上をしますと代金の回収はできませんので，回収できない架空の売掛金が溜まります。また売上高を計上しておいてその売上原価を計上しないことで，仕入債務である買掛金を計上していないと，隠れ債務が放置されることになります。原価なしの売上高の計上ですから粗利率100％で高

収益を仮装できます。このような場合には，前記のように債権と債務のバランスが崩れてしまいます。ただ，ここまで経理操作をする会社ですと，まったく信頼できませんので，金融機関としては融資を引き揚げてしまうでしょう。

4 損益計算書の自己査定のポイントは

1. 売上高の内容を調べてみよう

　損益計算書の売上高に計上されるのは、その会社の本業によって獲得した収益です。その会社の本業、つまり定款に記載されているその会社の目的に記載されている内容に従って事業を展開しているのですから、該当する事業による売上高を計上するはずです。しかし、実際の決算書をみますと、売上高に計上している取引に整合性がなく、何をしている会社なのかよくわからない損益計算書をみることがあります。これですと、何を本業として経営している会社なのかがわからず、事業そのものが不安定であるとの印象を受けます。確かに定款の目的の条項の最後に「その他」と書かれており、何でもOKのように思いますが、やはり会社がどのような事業によって「飯を喰っている」のかを明らかにすべきなのです。ただし、事業の多角化という方針があって、事業内容の説明に説得力があるならば、今後の事業展開の詳細計画に耳を傾けることになります。経営者としてどのような方針、姿勢で会社の舵取りをしているのか、しっかりと説明できなければなりません。

2. 売上高はどのような事実を基に認識しているのでしょう

　どのような事実を以て売上高を計上しているのかが実は重要なのです。この点が結構曖昧になっている会社があります。売上高とは当然取引の相手方がいるのですから、その得意先との間で同じ認識になっていることが必要です。ざっくばらんにいいますと、商品や製品を得意先に渡すこと、またはサービスを提供することで、得意先が支払い債務を認識し、

一方で当方が請求債権を認識するのです。当方が一方的に請求債権を認識しても，相手方が支払債務を認識していないのでは，架空の売上高を計上することになります。以前に酷い例をみたことがあります。得意先から注文を受けただけで売上高を計上していたのです。この段階では得意先に対して何らの商品，製品，サービスの提供もしていませんので，当然ですが注文主に対して請求債権をもち得ないのですが，一方的に売掛金の計上と出荷もしていない商品を売上原価に計上するのです。押し込み販売なども同様で，商品等は相手に渡してはいますが，相手は注文もしていない商品が届いたのですから，単に預かっただけで仕入と支払債務を認識することはありません。このような押し込み販売は所謂押し売りですから，早晩返品となってしまいます。一般的な取引形態に委託販売がありますが，これは受託先が顧客に販売したときに委託した会社で売上を計上するもので，ここで言う押し込み販売とは違うのです。

　期末にむりやり得意先に押し込み販売しておいて，翌期首に商品が返品されるようなことは，あってはならないことなのですが，苦しい営業目標を達成するためにあり得る事実でしょう。これは翌期の月次資料をみますと，売上の取り消しがあり，すぐにわかります。筆者が損害保険会社に勤めていた当時，月次の収入保険料が目標未達になりかけ，翌月分の契約を早めに更新契約してつじつまを合わせましたが，その結果翌月の目標達成が苦しくなりました。営業部門ではよくあることでしょうが，架空の売上計上は粉飾決算そのものになってしまいますので，決して手を染めてはならないのです。

　下請け業者に部品や仕掛品を送って加工を依頼し，加工後に納入するという取引はよくあります。その折に，材料や仕掛品をいったん下請けに売ったことにして，加工後にそれを仕入れる処理をしている例もあります。これが売り上げに該当するのかきわめて疑わしい取引です。単純に加工委託をしただけで，下請け先には加工賃を払うという取引です。

それを売上と仕入としますと，いたずらに売上高と仕入高が増えるだけです。確かに企業規模を示す1つの指標が売上高ですから，年商数億円といいたくなるのはわかるのですが，実質を伴った売上高にはなっていません。単に下請けとの間でキャッチ・ボールをしただけで，実質的な売上高ではないのです。このような取引を売上高に計上しますと，利益額そのものが増えるわけではありませんので，売上総利益率が低下してしまい，低収益な会社とみられてしまいます。

　売上高の計上で例外的な取り扱いがあります。建設業などで長期工事を請負った際に適用される工事進行基準です。大きな例で説明しますと，本四架橋工事，青函トンネル工事などのように工事期間が長期にわたり，しかもその金額が大きいと，売上高の認識方法を工夫することになります。といいますのは，売上高は原則として財貨（商品や製品），サービスの提供が完了したときに認識して計上するのです。としますと，上記のような巨大な工事はその工事が完成して発注者に引き渡した時点で売上高を計上し，完成までの期間には売上高を計上できないことになります。しかし，受注した建設会社は長期大型工事を施工しており，完成していなくてもその会社は事業努力を払っているのです。正常に会社の事業が稼働しているのにもかかわらず，売上高が計上できないため場合によっては販売費や一般管理費のような固定費の発生によって赤字決算になってしまいます。このような不合理を解決するために，この工事進行基準が適用されるのです。建設施工期間で，どの程度工事が進捗しているのかを測定して売上高を分割計上するのです。この会計実務は建設業，プラント製造業，機械設備製造業等の長期大型工事を行う業種で採用されている例があります。ただ，この収益計上の難しいところは，売上高の分割計上する尺度をどのように決めるかなのです。いい加減な尺度によって売上高と利益を計上しますと，決算は滅茶苦茶になってしまいます。一般的にはその工事の総原価を見積もって，期末までに発生した原価の

比によって工事の進捗度を測って売上高を計上するのです。この売上高の分割計上を可能にしているのは，工事請負契約等によって売上高の金額が確定しており，かつ注文生産ですから発注者が必ず引き取ることが契約上確定しているからです。完成までの総原価の見込みを間違えますと，完成までの期間の売上高計上額と利益額が事実と大きく乖離した数字となってしまいますので，この工事進行基準の適用には慎重に臨む必要があるのです。会社がこの工事進行基準を適用しているのでしたら，その適用要件，総原価の見積り，工事の進捗管理が十分にできているのかを検討する必要があります。最終的に工事が完成したら実は赤字だったとなりますと，総原価の見積りや支出原価の集計，工事の進捗管理に大いに問題があったということになりますので，会社の経営管理や予算管理の稚拙さが浮き彫りにされます。当然ですが，このような場合に自己査定を行う金融機関の立場からすると，会社の財務・経理部署に対する信頼度は低下してしまいます。

　その他にも特色のある売上高の計上形態には，割賦販売や試用販売があります。前者は代金の分割販売で，その代金の回収にあわせて売上高を認識する方法です。後者は顧客が試しに使って気に入ったら購入するという販売方式で，もし気に入らなければ返品するのです。この場合では，顧客が購入の意思を示したときに売上高を計上するのです。

　売上高をどのように認識して計上するのかは，実は大変重要なのです。この意識を再確認しておくことでしょう。

3. 原価と費用の区別はなぜ必要なのでしょう

　原価計算でも触れましたが，売上高に対する売上原価が明確になっていない例があります。というよりも，むしろ明確になっていない方が多いという印象をもっています。確かに発生した支出ですから，会社にと

っては原価か費用のいずれかになり利益の減少要因になるのですが、それが商品や製品を構成する原価なのか、それともその期の販売費及び一般管理費になるのかが峻別されていないのです。

　何でこの区別を問題にするかといいますと、その期に製造された製品がすべて売れてしまえば、原価であろうと費用であろうとすべてその期で売上高から差し引かれますので結果オーライなのですが、売れ残りがあるとその製品が棚卸資産として翌期以降に繰り越され、その製品価額が問題となるのです。もし費用となるべき支出額が原価に入っていますと、その棚卸資産価額は本来よりも高くなってしまい、その期には売上原価が低くなって利益が過大に計上されます。つまり利益の撹乱要因になってしまい、経営計画を策定する際の目標売上高を設定しても、製品数量に比例的に発生する傾向のある原価と固定的に発生する傾向のある費用によって、予測した利益額を稼得できない現象が生じます。目標売上高を達成したのになぜ利益が出ないのか、といった困惑が経営者に重く圧し掛かってくるのです。

4. 財務収支の計上額と資産・負債の対応関係を調べると

　財務収益とは受取利息・配当金ですが、これは保有する金融資産と対応関係があります。受取利息ならば銀行預金、債券、貸付金等に対して受け取るものですし、受取配当金は株式等の有価証券に対応するはずです。

　一方財務費用とは支払利息・割引料で、借入金等の負債に対応して発生します。借入金や社債を発行していると支払利息が、受取手形を金融機関で割引くと割引料が発生します。

　ここで問題になるのは、支払利息と借入債務の関係です。支払利息が多額に計上されていれば、それに対応する債務があるはずです。この対

応関係が説明できないと，場合によっては簿外債務や高利の債務があることが判明します。

　一般的にいわれることですが，一般の金融機関以外の高利の資金を借りるところまで資金繰りが追い込まれていると，その会社の存続は難しいと考えられます。いわゆる街金の貸付金利よりも儲かる事業はまずないのです。もしそれほどに儲かるのでしたら，資金が逼迫するわけはありませんし，金融機関も喜んで融資に応じるはずです。ですから，この支払利息の計上額には注意することになりますし，他の勘定科目を使っていても金額が大きければ気が付きます。もちろん他の勘定科目を使うこと自体が問題で，粉飾に近い行為とみなされます。

5. 非経常的な損益の計上

　損益計算書の非経常的な取引によると思われる金額が計上されているときには，その取引または事象の内容を調べます。非経常的と書きましたが特別損益だけに着目するのではなく，営業外損益もじっくり眺めるのです。まず非経常的な計上額に着目します。営業外ですとよく使われるのは雑益，雑収入・雑損，雑支出という科目名ですが，それだけでは内容がわかりませんので勘定内訳を調査します。一過性のものでしたら，翌期以降計上されることはないと判断できるのですが，毎期計上される可能性の高い例えば流行に左右される商品の廃棄損のように，事業の特徴から毎期の発生を避け難いものは非経常的なものとはいえません。今後も継続して計上される確度が高いと考えられますので，次期以降の経営計画に反映されているかを調べることになります。これは何もマイナスになることだけではなく，取引先からの営業協力金や看板の貸付料など，先方の都合によって受領する収益もあります。例えば自社の営業車や社屋に取引先の商品の広告を掲示して，協力金を受取るような場合で

す。これも一定の条件が揃えば継続する可能性が高いので，内容を精査して経常的な収益と考えることができるのです。

　特別損益の計上額ですが，結構この区分には目が向きます。金額的にも多額に上り，内容いかんによっては詳しく調べます。この特別損益は臨時損益と前期損益修正で構成されますが，最近の会計実務ではこの前期損益修正の取扱いが変わり，前期以前の決算にまで遡って修正すべきとされましたが，一般の会計実務ではそこまでの会計処理をする例は少ないでしょう。

第3章

よく耳にしますが，事業再生とは？

　バブル崩壊から十数年間は経済が停滞して，不景気感が全国を覆っていました。ようやっと回復の兆しが見え始めたところに，懸念されていたアメリカ発のサブ・プライム問題が顕在化し，2008年9月15日のリーマン・ブラザーズの破綻によるショックが全世界に走り，当然日本も巻き込まれました。そして，それに追い打ちをかけるように東日本大震災に襲われ，デフレからの脱却が難しくなりました。中小企業の経営にとって，この20年に及ぶ国内景気の低迷はきわめて厳しく，金融円滑化法の施行終了により新たな事業再生の方策がクローズアップされてきました。

1 事業再生に至る経緯

1. バブル崩壊後の動き

　バブル崩壊以後長引いた不況下で事業再生という言葉を耳にする機会が増えました。産業の血液である資金を貸し出している金融機関では，融資先の経営悪化と担保物の時価の下落によって，莫大な貸倒損失を被りました。バブル期の金融機関の無茶な貸出は多くの企業経営者が知るところで，その反動が来たということでしょう。融資をする際には担保が必要だといってむりやり土地を買わせて，それを担保してさらなる融資をしたというのも事実です。その他にも株式，貴金属，書画骨董等が投機の対象となり，さながら中世のオランダのチューリップの球根の投機を連想させるマネーゲームが繰り広げられました。しかしこのような状態が長続きするわけはなく，1990（平成2）年頃より崩壊が始まり，それに伴って金融機関が抱える貸出債権は融資先の経営悪化と担保物の価額の暴落で不良債権となり，多額の損失を計上せざるを得なくなったのです。これに追い打ちをかけるように，BIS（国際決済銀行）が国際業務を行う銀行に対して自己資本比率に係る基準を8％としました。この自己資本比率とは総資産に対する自己資本の割合を示すもので，増資などで自己資本を増やすことができなければ，総資産を減らさないと自己資本比率を上げることはできません。その結果日本の各銀行は急ぎ総資産の縮減を強いられることになり，貸出債権の圧縮つまり貸し渋りが始まったのです。銀行も生き残りを賭けて増資等で自己資本の充実を図りましたが，貸倒損失の額が余りに大きく，北海道拓殖銀行，日本長期信用銀行，日本債券信用銀行等の大手金融機関が相次いで経営に行き詰り，足利銀行のように地域経済の中核金融機関も実質的に破綻し，その他に

も信用金庫や信用組合等の多くの中小金融機関も経営破綻しました。その一方で政府からの公的資金の注入で存続する金融機関も続出しました。このような状況下で多くの中小企業が厳しい状況に至り，金融機関から融資を受ける際に経営改善，事業再生等の言葉が交わされるようになったのです。

2. 金融機関の立場

　バブル崩壊以後金融機関は「羹に懲りて膾を吹く」のたとえのように，きわめて慎重な融資姿勢をとるようになりました。融資を申し込んでくる中小企業の経営者を前にして融資担当者がよく口にするのが，経営改善計画の有無や事業再生計画の採否です。貸出金に係る自己査定マニュアルでも，経営不安に陥った融資先に対していかに経営改善を図っていくか，その良否によって新規の融資，既存の融資の継続を判断できるように定められているのです。バブル崩壊からようやく経済の立ち直りがみえるようになった矢先の2008年9月15日，リーマン・ブラザーズの破綻によってアメリカのサブ・プライム問題が顕在化し，金融を始めとして世界の経済が大混乱に陥りました。数年経ってしまいますと，当時の状況の深刻さが薄れてしまいますが，その当時は一歩間違えれば1929年の世界大恐慌の再来となったのです。経済のグローバル化が裏目に出て，アメリカを発端としたリーマン・ブラザーズ破綻の影響が一瞬にして全世界に波及しました。直接の影響が軽微だったとはいえ，世界経済の急速な悪化は日本国内経済にも大きな影を落とすことになり，特に中小企業には立ち直りの兆しを感じていたところに，このショックが大きく影響することになりました。

　金融機関でもバブル崩壊の影響が消えゆく過程で，景気の本格的な回復を待つことなく業績が上向いてきた矢先でした。業績が回復してきた

といっても，本業である貸出利息が増えたのではなく，バブル崩壊後度重なる貸倒損失の発生によって，その損失に備えるために多額に計上していた貸倒引当金の取崩益が，損益計算書の利益を嵩上げしていたのです。そこにリーマン・ショックが襲ってきたので，金融庁当局は金融機関に対して厳格な自己査定を求めてくるであろうと覚悟をしました。そこに登場したのが時限立法だった俗称「金融円滑化法」で，融資先，特に中小企業に対する対策が適用されることになりました。この法律の下で，自己査定の判断基準を大幅に緩和して，従来の基準に照らすと破綻懸念先以下となる融資先に一定の条件を付すことで，債務者区分のランクダウンを回避できるようにしたのです。その際に，中小企業に求めた条件が，企業再生のための経営改善計画の策定でした。改善計画そのものを提示できなければ，債務者区分のランクダウンは避けられず，融資を継続することは難しくなります。

3. ここで事業再生の登場です

　バブル経済が崩壊し，そしてリーマン・ショックのダブルパンチを受けて以後，事業再生という言葉を頻繁に耳にするようになりました。一般的な名詞として意味はわかるのですが，経済環境の悪化と長い不況の中での会話に登場したことで，その内容を知っておくべきかと思うのです。

　事業再生とは，企業や個人事業主が経営困難に陥った場合に，その事業をそのまま清算するのではなく，債務の一部免除や弁済期限の延長等によって事業を立て直すことです。といっても，事業が経営困難に陥るには相当の理由がある訳で，そのような事業を立て直す事業再生は簡単なことではありません。

　事業再生を可能とする条件は，

①経営困難の原因が特定でき,その排除・改善ができること。
②再生する事業が十分に収益力を期待できること。
③債権者や取引先の協力が得られ,資金繰りの改善ができること。

　上記のうち①が特定できる一方で,②の収益力ある事業の展開が可能なのか,そして③の金融機関等の債権者の協力が得られるかがキーとなります。現在営んでいる事業のいずれもが収益力を期待できず,本業として飯の種にはならないとなると,現状では再生が難しくなります。まず収益力が期待できる事業への展開が可能か否かで,再生計画の成否が決まります。そして,期待できる事業が見つかれば,事業の資金繰りのために債権者等の合意を取り付けることになるのです。③の段階で中心的な役割を担うのが金融機関になり,組織的に事業再生を担当する部署を構えている例もあります。相談に訪れる中小企業の事業内容と経営状態を的確に把握し,携わった多くの事例を参考にして,再生計画の策定に協力するのです。この計画にはあらゆる方法手段を講じて検討することになります。中小企業の例ではありませんが,大手企業の民事再生計画の策定では,弁護士,公認会計士,税理士,社会保険労務士等の専門家,そして再生計画をサポートするスポンサー企業の候補者も加わり,多岐にわたる展開をシミュレートして,いずれが最も効果的に再生を果たすことができるかの評価をするのです。実務をみていますと,ここまでやるかと思われる仕組みを検討します。

第3章 よく耳にしますが,事業再生とは?

3本の矢 揃って再生可能

①経営困難の原因の特定　②再生する事業が収益力を期待できる　③債権者および取引先等の協力者が得られる

2 法的手法による事業再生について

1. 事業再生の法的な区分はどのようになっているのでしょう

　事業再生といっても，その方法手段に違いがあります。大きく分けると裁判所を通じた手続を行う法的手段と，裁判外の協議によって再生を行う私的手段があります。前者は法的な根拠があるため，その再生対象事業を取り巻く利害関係者に対して法的な拘束力をもちますが，後者の場合には再生計画に任意に賛同することによって成立するのです。

　前者の法的手段による事業再生では，裁判所が介在することによって，影響を受ける利害関係者の公平性が保たれるとともに，情報の透明性も保たれます。この法的再生には会社更生法による場合と民事再生法による場合があります。いずれの方法を選択する場合でも，当該事業の合理的な再生計画が成り立ちませんと，この手続を進めることはできません。要するに次の2要件が充足されないと再生計画そのものが瓦解してしまうのです。

(1) 現在の債務を圧縮することで，今後の資金繰りが可能となること

　これは，債権者が現在の債権を放棄して貰うことで，事業を存続した後も資金繰りが赤字にならない経営が可能となることを示しており，この資金繰りに金融機関等の協力が得られる体制が組めるということです。キャッシュ・フローでショートしますと，事業の存続が困難になりますので，この資金繰りが重要となります。

(2) 債権放棄をする債権者にとって，現時点での事業清算よりもメリットがあること

　債権者にとって，当該事業を現時点で清算して受ける分配額よりも，この再生計画に従って相当額の債権を放棄することによる将来の分配額の方が多くなる必要があります。さもないと，債権者としては清算による分配金を選択することになるからです。つまり，今清算すると多くの債権が回収不能となって清算配当金が10である場合に，再生計画に賛同して一部債権を放棄し，その後の事業再生による債権回収額が20となることを意味しています。つまり債権者にとって，その事業を存続させた方が清算させるよりも得になるということなのです。実務で経験した事例では，再生前に清算するとした場合の分配金は限りなくゼロで，再生計画に賛成して90％の債権を放棄することで残り10％が将来償還されるというものでした。たとえ時間がかかっても，一部の債権が回収できるのであれば再生計画に賛成するというストーリーでした。

　この法的再生には，従来からあった会社更生，近年法定された民事再生，特別調停があります。

2. 会社更生

　会社更生法に基づいて会社を再建するもので，裁判所に更生手続開始の申立がなされると，財産の保全処分命令が出されるとともに保全管理人が選任されます。この保全管理人はこの会社の再建の見込みを調査して裁判所に報告し，見込みがあるときには更生手続の開始決定をすると同時に更生管財人が選任されます。管財人は更生計画を立案して債権者の同意を得て，裁判所により更生計画の認可決定を受けてこの計画を遂行します。会社更生法では利害関係者が多い株式会社に適用され，手続にも時間を要するのが一般的な例です。かつて上場会社で経営破綻し，

その事業の収益性を考えて再建を図って再上場を果たしたのが、山陽特殊製鋼や永大産業です。

会社更生では、会社の経営権、財産処分権および管理権が管財人に移管されて、会社の関係人集会で承認後に裁判所で認可決定された更生計画に従って経営を継続することになります。また更生案に定められた減資が行われるため、株主権も失われます。

この会社更生は、従来多用されていた代表的な会社存続の方法で、裁判所に申し立てをする前には隠密裏に作業が進められ、外部からみれば突然の会社更生の申立と映ります。しかし、会社を存続させるための代表的な手段ですので、その手続や更生計画に齟齬がないように綿密に準備作業が進められます。

3. 民事再生

バブル崩壊後長期低迷していた経済状況の中で、より簡便に事業の再生ができるように制定されたのが民事再生法です。会社更生法が株式会社を対象にしているのに対して、民事再生法では法人、個人を問わず適用されます。平成12年に制定されてから、その自由度による使い勝手がいいことで多くの適用例があります。

裁判所に民事再生手続開始の申立がなされると、財産の保全処分命令が出されるとともに監督委員が選任されますが、原則として旧経営者が引き続き経営の任にあたるのが通例です。当然ですが、再生計画の承認が必要で、この計画の妥当性、実現可能性を検討した上で、裁判所が再生手続の開始を決定します。監督委員は経営者の行動が計画に従ったものであるかを監督し、必要に応じて軌道修正を求めることになります。

筆者もこの制度が発足した当時に、監督委員の補助者となって再生計画の検証をしましたが、会社更生法に比べて手続が相当に簡便になって

おり，現実には再生のためには何でもありといった印象を受けました。経営困難に至っているわけですから，債権者には相当の痛みを負担してもらうことになりますが，適切なスポンサーを得て再建スケジュールに乗り易くなっています。また会社更生に比べてより短い期間での再生が可能になっています。

3 事業再生の私的手法もあります

1. 事業再生の私的な区分

　私的再生とは債権者と債務者が裁判外で合意することで事業を再生する手法です。そのために法的規制も明確ではなく，債権者の利害に大きく影響することですので，公平・衡平の原則がこの解決策の基礎となります。従って，債権者と債務者がお互いに現実の経営危機状態を認識した上で，事業継続のために協力するという意識が必須になります。強引に自己の主張を通そうとする債権者や，財産を隠蔽するような債務者が存在しますと，この私的再生は困難になります。つまり，債権者の中には債権の放棄はもちろんのこと一切の譲歩をしないと主張をする者がいますと，まとまるものがまとまりませんし，一方経営が行き詰ったその責任を一番感じなければならない債務者が，会社の財産や担保に提供している自己の財産を不当に隠すような行為をしますと，債権者の協力を得られなくなるのです。法的な拘束力が働かないので，債権者と債務者の顔がみえる程の小規模な事業の再生に向いており，低廉な費用負担と迅速な手続を進められることが期待される方法です。

　この私的再生手続の成否を分けるのは，以下の条件が整っていることです。
① 債権者と債務者が誠実に一致協力して再生に向けて進むこと
② 債務者の財産が確実に保全され，再生計画を実施するための財産的な基礎が毀損していないこと
③ 法的な手続に移行できる体制が確保されていること

　私的再生の方法としては，以下のような聞き慣れない手続が列挙されています。

ⅰ）中小企業再生支援協議会による手続
　　ⅱ）特定調停による手続
　　ⅲ）事業再生ADRによる手続
　　ⅳ）私的整理ガイドラインによる手続
ここでは詳細な説明は割愛します。

2．中小企業再生支援協議会による手続について

　バブル崩壊後の平成11年に制定された産業活力再生特別措置法に基づいて設置されたのがこの中小企業再生支援協議会で，再生支援の専門家が統括責任者となって再生可能性を追求することになります。この制度の特徴は，窮地に立たされた中小企業の債権者すべてを巻き込んで，債権放棄等を求めるものではありません。当該中小企業に対して融資している金融機関に対して，事業存続のために協力を求める制度なのです。ですから，中小企業の商取引先を巻き込むことなく事業再生を図ることができるのです。当然金融機関の協力なしにはこの制度を利用することはできません。この協議会のスキームの対象となる中小企業は，その事業規模，業種，窮境の状況等によって決まり，すでに事業継続不可能という状況に至っている中小企業ですと，法的手段に移行することになります。

　再生の方法の主な形態としては以下の取り組みがあります。

①リスケ

　すでに説明しましたリスケジュールのことで，金融機関への債務の返済計画を，事業存続を前提として当初の借入条件で約定した返済計画を緩和することです。通常は返済期限の延長と金利の減免が行われます。

②債務免除

　金融機関より債務の一部を放棄して貰うことで、金融機関にとって残る債権の返済を受けることが期待できる場合に応じることになります。一部の債権を放棄しなかったためにすべての債権の回収ができないよりはましと考えるからです。

③会社分割

　この会社分割という手法はいくつかのパターンがありますが、簡単にいうとGOOD会社とBAD会社を作って、前者を存続させて後者を清算する方法です。存続会社を新たに設立して、その会社に再生する事業を営業譲渡する方法等があります。一方のBAD会社には不良資産や継続困難な事業を移して、清算手続に入ります。会社が整理されるわけですから、このBAD会社に引き継がれた債務はほぼ返済不能となります。債権者にとっては実は経理処理上のメリットもあるのです。貸倒のリスクに対する引当金の計上や回収不能と判断して貸倒損失としても、税務上は損金にならない場合が多いのです。そうしますと、回収不能リスクがありながら税金を納めなければならないのです。しかし、このBAD会社が清算されると、この会社に対する債権は債務者が消滅してしまいますので、貸倒損失となり、税務上も損金に認められます。その分だけ税金を負担しなくてもいいので、債権放棄せざるを得ない金融機関を始めとする債権者はこの仕組みに同意し易いのです。

④DES, DDS

　DESは、"Debt Equity Swap"の略で、Debt（債務）とEquity（出資＝株式）をSwap（交換）することをいいます。すなわち金融機関の債権を融資先の出資に替える「債務の株式化」のことです。債務者にとっては借金が出資に代わるのですから、返済の負担が軽くなる一方で外部株

主が増えるということになります。ただ，金融機関にとっては経営不振の会社の有価証券をもつことになり，評価の問題が生じるために，あまり積極的ではありません。

また，DDSとは，"Debt Debt Swap" の略で，債権者が既存の債権を別の条件の債権に変更することであり，通常，金融機関が既存の貸出債権を他の一般債権よりも返済順位の低い「劣後ローン」に切り替える手法のことをいいます。これによって返済期限が相当期間延びることになりますので，リスケの一種でもあります。

3. 特定調停手続

民事調停法の特例として適用される手続で，裁判所に調停の申立をすることで手続が開始されますが，民事再生や会社更生のように当該申立の事実が外部に知られることがないために，事業の継続に支障をきたさないこととなります。実は会社更生や民事再生の申立が取引先や債権者の耳に入りますと，会社に取り立てが押し寄せるおそれがあるのです。裁判所は当該申立を受けて，この調停が公正かつ妥当な経済合理性を以って合意に至るように調停委員を指定します。その調停委員によって組織される調停委員会が債権者との協議を経て再生計画に対して合意を受けた後に調停条項を定めた場合には，この調停条項が裁判所の確定判決と同様の法的拘束力をもつことになります。

ここでも主要な債権者である金融機関の合意を得られませんと，調停が不調に終わってしまい，会社更生や民事再生といった法的手続に移ることになります。

4. 事業再生ADR

　この事業再生ADRとは，特別法によって法務大臣の認証を受けた民間機関である事業再生ADR事業者が，経済産業省令で定める基準に適合する方法で実施する企業再生の手法です。債務者が事業再生ADR事業者に手続の申し出をすることで協議が始まり，策定した再建計画案を債権者会議で同意を受けて再建を図るものです。ADRとはAlternative Dispute Resolutionの略で，裁判外紛争解決手続を指します。再生計画の策定において中立的な立場で債務者と債権者の調整を行うことで，着地点を合理的に探ることが期待されるのです。この手続の適用事例としては日本航空の再生に使われた手法なのです。

5. 私的整理ガイドライン

　このガイドラインは，全国銀行協会，日本経団連，学識経験者等が中心になって策定されたもので，債権者と債務者の合意に基づいて，主として融資をしている金融機関が返済の猶予・減免などをすることによって，経営が逼迫している企業を再建するものです。この手続では，債務者と関係する金融機関にとってこの企業再生計画が経済的な合理性を有する場合にのみ，限定的にこのガイドラインによる整理が行われます。

　ガイドラインの特徴としては，経営責任と株主責任を明確にすることが求められています。つまり，金融機関に債権放棄を求める場合には旧経営陣は引責辞任することとなり，減資によって株主権の消滅または減少を伴います。また，主要債権者と債務者の協議によって事業再生，資本増強，金融支援等の再建計画が立案され，債権者集会において他の債権者の同意を受けて同計画が実行に移されますので，すべての債権者の同意が必要になります。あくまでも私的整理なので債権者間の調整に客

観的な第三者の関与はありません。

4 経営改善計画の策定では

1. 合実計画と実抜計画とは何でしょうか

　合実計画とは「合理的かつ実現可能性の高い経営改善計画」のことを略した表現です。実抜計画とは「実現可能性の高い抜本的な経営再建計画」を略したものです。いずれの言葉も，金融機関に対する金融庁検査の際に用いられた用語で，金融庁の検査官と金融機関の自己査定担当者との間で頻繁に使われました。資産査定の対象となっている貸出金の貸出先，つまり債務者区分の判断をする際にこの計画の有無，その計画の合理性，実現可能性が問われるのです。そしてその判定によって債務者の区分が要注意先か，要管理先か，破綻懸念先かに分かれるのです。債務者が破綻懸念先と判断されますと，金融機関としては積極的に金融支援が難しくなり，専ら融資額の回収を図ることになってしまいます。こうなりますと，債務者としては資金繰りに窮してしまい，事業の存続が困難になってしまいますので，自らがどの区分になっているのかは最大の関心事です。

　企業が経営不振に陥った場合には，その原因を究明して対策を講じることになりますが，その際に策定されるのが経営改善計画であり経営再建計画です。融資を受けている金融機関に対していかに経営を改善するのか，立て直すのかを説明しなければなりません。ここで策定する計画が企業の存続にとって重要になります。

2. 合実計画とは

　合実計画とは次の要件のすべてを満たすものをいいます。

① 計画期間が原則として5年以内（中小企業の場合には10年以内）で，計画の実現可能性が高いこと。
② 計画終了後の債務者区分が，原則として正常先となる計画であること。ただ，計画終了後に自助努力により，事業の継続性を確保できれば，要注意先でもよいとされている。
③ すべての金融機関等において，支援を行うことについて合意されていること。
④ 支援内容が金利減免等に止まり，債権放棄などの資金提供を伴わないこと。

このような合実計画を策定している場合には，金融機関の自己査定における債務者区分について，破綻懸念先から要注意先にランクアップすることができるとしています。

3．実抜計画とは

実抜計画とは「実現可能性の高い抜本的な経営再建計画」を略した言葉ですが，その意味している点は以下のとおりです。
① 「実現可能性が高い」とは，次の要件のすべてを満たす必要があります。
　ⅰ）計画の実現に必要な関係者の同意が得られていること
　ⅱ）計画による債権放棄等の支援金額が確定していること
　ⅲ）売上高，原価・費用，利益の予測等に十分にストレスがかかっていること
　ⅳ）当該計画を超える追加的支援が必要と見込まれないこと
② 「抜本的」とは，概ね3年後に債務者区分が正常先になることを達成できる計画を指します。ただし，中小企業については概ね5年（5年〜10年で計画通りに進捗している場合を含む）後に正常先になる

こととされ，この計画終了後に自助努力により事業の継続性を確保できれば，要注意先であってもよいとしています。

この実抜計画を策定していれば，債務者区分は要管理先から要注意先にランクアップできるとしているのです。

実抜計画および合実計画が重要視されるのは，金融機関の融資における自己査定で債務者区分がランクアップすることです。それにより融資が継続され，金融支援も受けられ，金利の面でもより低い利率が適用されることになるので，債務者である企業にとって大いに関心をもたざるを得なくなりました。

5 中小企業への支援体制は

1．中小企業支援体制

　時代が平成になってから，狂乱的なバブル経済が崩壊して長い景気低迷を続けていましたが，ようやく景気回復の兆しがみえてきたというときにリーマン・ショックが起こり，再度景気の足が引っ張られるようになりました。アメリカの出鱈目な住宅ローンの破綻がなぜ日本の中小企業の経営に大きく影響するのか，不思議でならないのですが，主に金融経済のグローバル化が進んだことが原因で，即座に波及してくるようになったのです。

　バブル経済が崩壊したときより金融機関の融資に毀損が生じ始め，平成10年から金融機関の健全化のために資産の自己査定制度が本格的に適用され始めました。この結果経営に苦しんでいる中小企業に対して融資の貸し剥しという現象が生じ，資金繰りに苦慮するようになりました。リーマン・ショックに端を発した再度の景気後退に曝されて，資金繰りに苦しむ中小企業に対する支援策として中小企業金融円滑化法が時限立法として施行されました。これによって金融機関の自己査定の判断基準が緩和され，多くの中小企業が息をついたのです。その中小企業金融円滑化法も平成25年3月末で期限を迎え，さらなる中小企業対策の必要性が叫ばれて，多くの支援制度，支援体制が登場したのです。

　一方，中小企業の資金繰りに対応している金融機関に対しても，金融検査マニュアルの改訂，内容的には判断基準を緩和する方向に変わりました。従来は金融庁と金融機関，会計監査人とが鋭く対立した場面もありましたが，この改訂によって金融庁の方が債務者区分の判定でより優しい判断を求めてくるようになったのです。当時金融機関の会計監査に

従事していた筆者も，この金融庁の検査官の豹変にはびっくりしました。前述の「実抜計画」が策定されていれば，要管理先とされていた債務者区分を要注意先にランクアップされるのですが，中小企業では自らこの実抜計画を策定することが難しく，実際にはほとんど適用実績はありませんでした。この現実に対して，中小企業向けに講じられたのが「金融検査マニュアル別冊〔中小企業融資編〕」で，ここで登場したのが前述の「合実計画」です。この合実計画を策定することで，破綻懸念先とされていた区分を要注意先と判断して差し支えないとしたのです。また，金融庁は中小企業の上記の計画策定に対して，積極的に金融機関が協力をするように求めてきたのです。

　債務者区分でどのランクに区分されるかは，融資を受けている債務者としては大きな問題であり，金融機関からの資金繰り支援を受けられるか否か，金利を下げて貰えるか否か，ここに大きく影響するのです。

　この「実抜計画」や「合実計画」の策定にも，次に記載している経営革新等支援認定機関の指導・助言を受けることができるようになったのです。

2. 経営革新等支援認定機関の設置

　バブル崩壊後の長い景気低迷の中で，中小企業を巡る経営課題が多様化，複雑化してきました。そのような環境下で，中小企業支援を行う支援事業の担い手の多様化・活性化を図るため，平成24年8月30日に「中小企業経営力強化支援法」が施行され，中小企業に対して専門性の高い支援事業を行う経営革新等支援機関を認定する制度が創設されました。認定制度は，税務，金融および企業財務に関する専門的知識や支援に係る実務経験が一定レベル以上の個人，法人，中小企業支援機関等を，経営革新等支援機関として認定することにより，中小企業に対して専門性

の高い支援を行うための体制の整備を図ったのです。この認定機関には，銀行等の金融機関，税理士，公認会計士，弁護士，中小企業診断士等の，専門的な知識や実務経験を有する法人や個人が，中小企業庁に認定申請をし，審査後に認定機関として中小企業庁のホームページに掲載されます。それぞれ認定を受けた専門家は，その豊富な実務経験と実績によって，専門分野を届け出ており，どのような業種を得意としているのか，どのような実務経験があるのかがわかるようにその登録内容が明示されていますので，認定を受けた専門家の意見を聞き，相談するのも有用な手段かと思います。

現在全国に登録されている認定機関があり，諸官庁は各認定機関での支援実績と支援内容のデータを定期的に収集しているため，求める支援サービスに合致する支援機関の紹介を受けるのもいいでしょう。因みに支援機関を利用する際には，国の予算によって中小企業が負担する報酬額の一部を補助する制度がありますので，これを利用することも検討に値するでしょう。

3. 認定経営革新等支援機関の提供業務

中小企業では，せっかく培ってきた技術や生産ノウハウがあるにもかかわらず，そのことを説得力ある主張に表現することが難しいという場面があります。そこで専門家の支援を受けて，事業の存続を図る方策を練ることになるのです。

専門的知識や支援に係る実務経験が豊かであるとして，中小企業庁から認定を受けている経営革新等支援機関が提供する主な支援業務としては次のものが中小企業庁の「認定経営革新等支援機関による支援のご案内」に掲げられています。

(1) 経営革新等支援およびモニタリング支援等

①経営の「見える化」支援

　経営革新または異分野連携新事業分野開拓（以下，経営革新等という）を行おうとする中小企業の財務状況，事業分野ごとの将来性，キャッシュ・フローの見通し，国内外の市場動向等の経営資源の内容，その他経営の状況に関する調査・分析を行います。

②事業計画の策定支援

　調査・分析の結果等に基づく中小企業の経営革新等に係る事業計画（経営改善計画，資金計画，マーケティング戦略計画等）の策定に係るきめ細かな指導および助言を行います。

③事業計画の実行支援

　中小企業の経営革新等に係る事業の計画を円滑に実施するためのきめ細かな指導および助言を行います。

④モニタリング支援

　経営革新等支援を実施した案件の継続的なモニタリングを行います。

⑤中小企業への会計の定着支援

　中小企業が作成する計算書類等の信頼性を確保して，資金調達力の向上を促進させるため，「中小企業の会計に関する基本要領」または「中小企業の会計に関する指針」に拠った信頼性のある計算書類等の作成および活用を推奨します。

(2) その他経営改善等に係る支援全般

　中小企業・小規模事業者の経営改善（売上増等）や創業，新事業展開，

事業再生等の中小企業・小規模事業者の抱える課題全般に係る指導および助言を行います。

(3) 中小企業支援施策と連携した支援

中小企業等支援施策の効果の向上のため，補助金，融資制度等を活用する中小企業・小規模事業者の事業計画等策定支援やフォローアップ等を行います。

以上の各支援項目が認定経営革新等支援機関に求められていますが，認定を受けている機関にはそれぞれ得意分野があるため，中小企業庁のホームページで「認定経営革新等支援機関認定一覧」に支援可能な業務や業種が各機関ごとに一表にまとめられています。

具体的な支援業務は次のように整理されています。

相談内容等	創業等支援，事業計画作成支援，経営改善，事業承継，M&A，事業再生，生産管理・品質管理，情報化戦略，知財戦略，販路開拓・マーケティング，マッチング，産学官等連携，人材育成，人事・労務，海外展開等，BCP作成支援，物流戦略
支援可能業種	農業・林業，漁業，鉱業・採石業・砂利採取業，建設業，製造業，電気・ガス・熱供給・水道業，情報通信業，運輸業・郵便業，卸売業・小売業，金融業・保険業，不動産業・物品賃貸業，学術研究・専門・技術サービス業，宿泊業・飲食サービス業，生活関連サービス業・娯楽業，教育・学習支援業，医療・福祉，複合サービス事業，サービス業（他に分類されないもの），公務（他に分類されるものを除く），分類不能の産業
主な補助金支援実績	ものづくり中小事業・小規模事業者試作開発等支援補助金，地域需要創造型等起業・創業促進補助金，小規模事業者活性化補助金，認定支援機関による経営改善計画策定支援

支援機関を利用する際には，上記の各項目・事項を専門とする機関を選んで依頼することになります。特に事業再生の場合には，取引金融機

関との協議が重要となりますので，資金を融資する側の論理がわかる専門家が相応しいと考えられます。特に監督官庁である金融庁検査を定期的に受けている金融機関で行われている資産自己査定の方法，判断基準，金融検査の方針等に関する知見があれば，より円滑に協議が進むものと思います。

　また，中小企業の支援のために多くの，そして多岐にわたる補助金等の制度が用意されています。中小企業庁または全国9ヵ所にある各地の経済産業局に問い合わせてみますと，希望に合致する補助金制度や優遇制度が用意されていますので，適宜支援機関に相談をして申請書類等の作成に協力を得るべきでしょう。支援制度の概要は，各機関のホームページにも掲示されていますので，簡単にみることができます。

　国が予算を用意して，支援したいと言っているのですから，利用しない手はないですよね。

第4章

中小企業会計指針と会計要領の内容は？

　国際会計基準（正式には国際財務報告基準，International Financial Reporting Standards: IFRSs，IFRS）が日本の会計基準に大きく影響し，近年に至り会計実務に変更を迫ってくるようになりました。そしてその影響が企業行動にも影響してきています。一方多くの中小企業にとっては，会計実務上でまったく異質な議論が交わされている中で，独自の会計処理基準の策定が求められるようになりました。
　中小企業向けの会計基準が2種類提示されていますが，どこが違うのでしょうか，それの解説をしましょう。

1 中小企業の会計基準

1. 中小企業とは，その定義は？

　中小企業向けの会計基準を論じるのであれば，その中小企業の定義を考えてみます。一般的には中小企業庁のホームページに掲載されている「中小企業の定義」で，次のように規定しています。

業種分類	中小企業基本法の定義
製造業その他	資本金の額または出資の総額が3億円以下の会社または常時使用する従業員の数が300人以下の会社および個人
卸売業	資本金の額または出資の総額が1億円以下の会社または常時使用する従業員の数が100人以下の会社および個人
小売業	資本金の額または出資の総額が5千万円以下の会社または常時使用する従業員の数が50人以下の会社および個人
サービス業	資本金の額または出資の総額が5千万円以下の会社または常時使用する従業員の数が100人以下の会社および個人

　以上が中小企業庁で定義している中小企業の規模なのですが，資本金額や従業員数が業種によって異なるため，何となくわかりにくい感じになっています。ただ，製造業のように製造設備を必要とする業種と，固定資産への投資が僅少で済む最近のニュービジネスを展開している企業では，必要とする元手の大小に違いがあることがわかります。この中小企業の規模を上回る企業が大企業ということになりますが，どのような会計基準を適用するのかという区分とは必ずしも一致していないというのが現実でしょう。

　では，会計基準適用上の大企業ですが，一般的に次の会社をいいます。

①株式を公開しているなどで金融商品取引法の適用対象となっている会社

　この会社には金融商品取引法（従来の証券取引法）が適用され，公認会計士または監査法人の会計監査を受けなければなりません。

②資本金5億円以上または負債総額200億円以上の会社法上の大会社

　この大会社の定義は会社法（旧商法）に規定されており，①と同様に公認会計士または監査法人（以下，会計監査人という）の会計監査を受けなければなりません。ただ，任意に会計監査人を設置している会社も中小企業向けの会計基準の適用対象外としています。

2. 中小企業が準拠すべき会計基準とは

　会計に関しては，すべての商人に適用される商法に次のように規定されています。
　「1　商人の会計は，一般に公正妥当と認められる会計の慣行に従うものとする。
　2　商人は，その営業のために使用する財産について，法務省令で定めるところにより，適時に，正確な商業帳簿（会計帳簿及び貸借対照表をいう。以下この条において同じ。）を作成しなければならない。
　3　商人は，帳簿閉鎖の時から十年間，その商業帳簿及びその営業に関する重要な資料を保存しなければならない。
　4　裁判所は，申立てにより又は職権で，訴訟の当事者に対し，商業帳簿の全部又は一部の提出を命ずることができる。」（商法第19条）
　つまりすべての商人（商行為を行う者）は「一般に公正妥当と認められる会計の慣行」に従って商業帳簿を作成しなければならないとしてい

るのです。ではこの公正妥当な会計の慣行とは何を指しているのでしょうか。実は対象となる会社の規模等によってこの会計慣行が異なることになるのです。一般的には、会計学の勉強を始めると最初に接するのが「企業会計原則」です。ただこの「原則」では個々の会計処理を詳細に規定している訳ではなく、適用細則になる各会計処理基準によることになります。特に最近の会計基準の傾向は、グローバル・スタンダードといわれるIFRSを取り入れてきていますので、従来の会計処理とは異なる点が多々あって、中小企業の経営者には理解し難い点があるのです。実は筆者のような職業会計人にも理解し難い点がありますから、会計に詳しくない方にとっても難解かと思います。

　国内には約260万の会社がありますが、前述の大会社といわれている会社は約1万強ですから、殆どが中小企業の範疇に入ります。そこで、圧倒的に多い中小企業に適用する会計基準はいかにあるべきか、その検討が行われたのです。大会社に適用されている会計基準は、前述のとおり中小企業にとってあまり実務的ではなく、よりわかり易く簡易な会計処理を定めた新たな基準の策定が求められたのです。

　筆者の会計監査の経験からしますと、融資を受けるために中小企業が金融機関に提出している計算書類・決算書の信憑性には、疑問を抱くことが多々ありました。製造業なのに原価計算らしきものがない、売上高の推移と売掛債権の推移、そして棚卸資産の計上額の推移、いずれをとっても疑義をもたざるを得ない決算書を目にすることが多かったのです。

　金融機関に対する監督官庁の検査体制が変わり、旧大蔵省銀行局の銀行に対する検査が金融庁に移管され、そして検査そのものの考え方が変わりました。まず金融機関は自らの責任で自らの資産を査定する、つまり資産の自己査定制度が導入されたのです。それを機会にして、従来よりもより慎重に融資先の決算書を詳細に検討し、必要な修正を加えた上で財政状態と経営成績を判断するようになりました。その修正事項のう

ちには，棚卸資産の劣化による含み損，有価証券・出資金の含み損，不動産の時価の値下がりによる含み損，有形固定資産の減価償却不足，回収不能な未収入金や貸付金，などの必要な修正を財務諸表に加えると，その会社の惨憺たる状況が明らかになってくるのです。なぜこのように信憑性のない決算書を作るのだろうと，融資先の中小企業に対する不信感が募りました。しかし，公認会計士の監査対象となる大会社や公開会社に適用される会計基準は，新たな会計処理基準が相次いで追加されてかなり難解になってきており，中小企業にここまで必要なのかと疑問をもつこともありました。そこに，前述の状況を踏まえて，中小企業を対象にした会計基準の策定が検討され始めたのです。

3. 中小指針の策定について

「中小企業の会計に関する指針」（以下，中小指針という）の総論では，計算書類の作成義務に関して次のように示しています。

>「株式会社及び持分会社の会計の原則は，会社法第431条及び第614条において一般に公正妥当と認められる企業会計の慣行に従うものとするとされているとともに，会社計算規則の定めるところにより，適時に正確な会計帳簿の作成と計算書類（株式会社にあっては，貸借対照表，損益計算書，株主資本等変動計算書及び個別注記表）の作成が義務づけられている。この一般に公正妥当と認められる企業会計の慣行のひとつとして，一般に公正妥当と認められる企業会計の基準（以下会計基準という）がある。会計基準においては，中小企業の特性を考慮した簡便な方法が設けられている場合もあり，また，会計実務では，具体的な規定が会計基準において定められていないような場合など，一定の状況下では，法人税法で定める処理が参照されている。」

中小企業は，その事業規模に応じたより簡便な会計処理の方法を適

宜工夫しつつ，日商簿記検定等から得た知識を駆使して計算書類を作成している例が結構多くあるのです。しかし，残念ながら，決算書がその中小企業の財政状態と経営成績を適正に表しているかというと，その保証は難しいのではないかと，やや信頼性に欠けるものが多いのです。

中小企業が適用できる「一般に公正妥当と認められる会計の慣行」を構築し，経営の状況を企業内外に十分に説得力ある決算書を作成できる会計処理基準を示すべきではないかとの要望が現実のものとなりました。

このような目的を達成するために，中小企業庁から「中小企業の会計に関する研究会報告書」，日本税理士連合会から「中小企業会計基準」，日本公認会計士協会から「中小企業の会計の在り方に関する研究報告」がそれぞれ公表されました。この3つの報告書等を統合して平成17年8月に，日本公認会計士協会・日本税理士連合会・日本商工会議所・企業会計基準委員会から「中小企業の会計に関する指針」（以下，中小指針という）が公表されました。その後に，大企業に適用されている会計基準が国際会計基準に準拠するために逐次改正や新設が続いているため，これに倣って数度にわたる改正が行われ，現在に至っています。

この中小指針では，作成にあたっての方針として，「企業規模に関係なく，取引の経済実態が同じなら会計処理も同じになるべきである。」としていますが，「しかし，専ら中小企業のための規範として活用するため，コスト・ベネフィットの観点から，会計処理の簡便化や法人税法で規定する処理の適用が，一定の場合には認められる。」としています。これは公開会社の財務情報が専ら投資家の投資意思決定に資するものとされているのに対して，企業規模が小さな中小企業は直接投資家の投資対象となるわけではなく，経営者の経営判断に資するとともに，金融機関からの資金調達に有用な情報を提供するという位置づけが計算書類に求められているため，その目的を果たすのに十分な要件を満たした会計処理に対応するものとされたのです。

また，その目的に「株式会社は，会社法により，計算書類の作成が義務付けられている。」とし，「とりわけ，会計参与設置会社が計算書類を作成する際には，本指針によることが適当である。」としています。ただ，改正会社法に定めている会計参与を設置する会社は少なく，国際会計基準に準拠して逐次改正が加えられること，そしてそのことが中小企業の会計にとって難解かつ負担になってしまったことで，この中小指針はあまり普及しませんでした。

4．中小指針の構成内容

　中小指針は，総論と各論によって構成されており，各論で主な勘定科目に関する会計処理を解説しており，次の事項が掲げられています。金銭債権（10—16），貸倒損失・貸倒引当金（17・18），有価証券（19—24），棚卸資産（25—29），経過勘定等（30—32-2），固定資産（33—38），繰延資産（39—43），金銭債務（44—47），引当金（48—51），退職給付債務・退職給付引当金（52—57），税金費用・税金債務（58—60），税効果会計（61—66），純資産（67—71），収益・費用の計上（72—74），リース取引（74-2—74-4），外貨建取引等（75—79），組織再編の会計（企業結合会計及び事業分離会計）（80・81），個別注記表（82—85），決算公告と貸借対照表及び損益計算書並びに株主資本等変動計算書の例示（86—88），今後の検討課題（89）

　各項目をみますと，一般的な勘定科目と特殊な会計処理に関するものが混在しています。項目によっては中小企業にとって重要性が乏しいものもあるため，中小企業の経営者や金融機関等の利害関係者にとってやや違和感を覚えるのではないかと思います。

　特に大企業に適用されている企業会計基準の会計処理の中には，退職給付債務，税効果会計等のように将来の見込を予測して，その見積りの

結果に基づいて処理を選択する項目や，複雑な検討を要する組織再編の会計のように，中小企業にとって判断や対応がきわめて難しいと思われる事項が定められています。この点でも，中小企業にあまり普及しなかったのではないかと考えられるのです。

5．一方の「中小会計要領」について

　ここに「中小企業の会計に関する基本要領」(以下，中小会計要領という)が登場します。前述の中小指針と混同してしまいそうですが，違いをみてみましょう。

　中小指針が企業会計基準に準拠して作成されるという，いわばトップダウン方式である点が，中小企業にとって使い勝手の悪いものとなってしまったことに対して，これに代わる会計基準を示すことが求められました。そこで，中小企業団体，金融関係団体，企業会計基準委員会および学識経験者が主体となって設置された「中小企業の会計に関する検討会」が組織され，中小企業庁，金融庁および法務省の協力の下で，「中小会計要領」が平成24年2月に公表されました。この中小会計要領は，中小企業の現状を重視して現場からの要望と必要性から練り上げられたボトムアップ方式と表現されるものです。

　本要領が利用される会社は，
「(1) 本要領の利用は，以下を除く株式会社が想定される。
　　・金融商品取引法の規制の適用対象会社
　　・会社法上の会計監査人設置会社
　(2) 特例有限会社，合名会社，合資会社または合同会社についても，本要領を利用することができる。」(中小会計要領2)

　上記の(1)で適用除外としている会社は，公認会計士の会計監査が法令で求められている会社であり，会計処理の適正性の判断基準が金融

商品取引法で求めている会計基準が適用されるためです。ただし，中小企業に対してこの中小会計要領の適用を強制するものではなく，

「本要領の利用が想定されている会社において，金融商品取引法における一般に公正妥当と認められる企業会計の基準や中小指針に基づいて計算書類を作成することを妨げない。」（中小会計要領3）

としています。

中小会計要領に関しては次節以降で解説します。

2 中小企業の会計基準の取扱い

1. 中小会計要領の意義を確認してみましょう

　中小会計要領に関しては，中小企業庁のホームページで「新しい会計ルール」として紹介されています。このホームページの掲載内容から引用してみると，中小会計要領の位置づけがわかります。

　「非上場企業である中小企業にとって，上場会社向けの会計ルールは必要ありませんが，中小企業でも簡単に利用できる会計ルールは今までありませんでした。

　「中小企業の会計に関する基本要領（中小会計要領）」は，次のような中小企業の実態を考えて作られた新しい会計ルールです。

- 経理人員が少なく，高度な会計処理に対応できる十分な能力や経理体制を持っていない。
- 会計情報の開示を求められる範囲が，取引先，金融機関，同族株主，税務当局等に限定されている。
- 主に法人税法で定める処理を意識した会計処理が行われている場合が多い。」（中小企業庁ホームページ「新しい会計ルール」より）

そして，中小指針との関係と比較・違いを次のように説明しています。

　「中小企業向け会計ルールは，今回公表された「中小会計要領」の他に，「中小企業の会計に関する指針（中小指針）」があり，中小企業はどちらも参照することができます。」（同上）

として，

　「中小指針：会計専門家が役員に入っている会計参与設置会社が拠ることが適当とされているように，一定の水準を保った会計処理を示したもの。

中小会計要領：中小指針に比べて簡便な会計処理をすることが適当と考えられる中小企業が利用することを想定して策定されたもの。」

このように，名称は似ているのですが立場は明確に異なります。中小指針が一定の水準を保った会計処理を示すものとしていますが，「一定の水準を保つ」ということは，大企業が準拠すべき企業会計基準で定めている会計処理ルールを相当程度取り入れていることを示しています。このルールに準拠した会計処理を考えますと，中小企業には実務的に対応が難しく，かつ指示している会計処理を適用したところで，その結果はあまり得るところが少ないことも，中小指針を採用する誘因が乏しい原因と考えられます。いずれの会計処理ルールをとるかは，その処理によって作成された決算書が，経営者の経営判断に資するものになるのか，また金融機関の融資担当者や取引先等の利害関係者の理解を増進するのに役に立つのかによって決せられるべきものでしょう。このようなことを熟慮して，いずれの会計ルールによって会計処理をするかを各中小企業が判断することになるのです。

2. 中小会計要領の適用対象会社とは

中小企業庁の資料「新しい会計ルール」で「中小会計要領」の位置づけを下記のように図表で示しています。

区分	会社数	適用会計基準
上場会社	約3,600社	企業会計基準
金融商品取引法開示会社	約1,000社	
会社法上の大会社＊	約10,000社※	
上記以外の会社	約260万社	中小指針
		中小会計要領

＊：資本金5億円以上または負債総額200億円以上の会社
※：上場会社および金融商品取引法開示会社を含む

企業会計基準を適用している会社は約15,000社で，その他の会社が約260万社に上ります。会社の規模の大小は確かにありますが，会社数からすると企業会計基準の強制適用されない会社が絶対多数です。その多数の会社に適用される会計基準が中小企業版ということになるのですが，使い易さという面で中小会計要領を多くの中小企業で採用するようになるでしょう。

3. 中小会計要領の採用への対応はどのように？

(1) 金融機関の対応

　中小会計要領に従った計算書類を作成している中小企業に対して，日本政策金融公庫，商工組合中央金庫での優遇金利による借入ができるようになっています。信用保証協会でも融資に係る保証料を割引する取り組みがなされています。また，市中金融機関でも中小会計要領による計算書類を作成している経理体制をとっている中小企業に対して，金利の優遇等の手当をしています。

(2) 中小企業庁の対応

　中小企業庁では，中小企業に対する多くの支援策を定めた法律の適用にあたって，中小会計要領に従った計算書類の提出を慫慂（しょうよう）しています。また，中小企業の振興を図るための諸々の補助金の交付にあたって，中小会計要領に従った計算書類の提出があった場合には相当の評価をすることになっています。

(3) 金融庁の対応

　金融庁の金融検査において，金融機関が顧客企業に対して，顧客自らの経営の目標や課題を正確かつ十分に認識できるよう助言するにあたっ

て，この中小会計要領の活用を促すことを監督指針・金融検査マニュアルで示しています。

(4) 税理士，公認会計士による支援

日本税理士連合会，日本公認会計士協会は中小企業の会計の質を向上するために，中小会計要領の理解を促進するための実務対応への支援を行います。税理士，公認会計士が中小企業からの依頼を受けた場合には，その企業の実態に応じて信頼性のある計算書類の作成の相談・指導ができるように対応しています。

第5章

中小企業会計の各論

　中小企業を対象にして策定された基準は,「中小企業の会計に関する指針」と「中小企業の会計に関する基本要領」です。公開会社等の大企業に適用されている会計基準は,国際会計基準（IFRS）の影響を大きく受けて,難解になりつつあります。それに対して,中小企業にとって必要な財務データを提供するための簡便な会計基準が求められていたところで,上記の2つの指針と要領が,国内の大多数を占める中小企業にとって有用なルールになることが期待されています。

　本章では,「中小企業の会計に関する基本要領」を中心にして,簡潔に要点だけを解説しています。

1 中小会計要領の総論

1. 中小会計要領の目的

　中小会計要領の目的は、「中小企業の多様な実態に配慮し、その成長に資するため、中小企業が会社法上の計算書類等を作成する際に、参照するための会計処理や注記等を示すものである。」（中小会計要領Ⅰ総論1．目的(1)）とされており、この中小会計要領に従って作成することで、会社法で規定している計算書類の要件を満たすことを示しています。

　また、作成の趣旨として、

「• 中小企業の経営者が活用しようと思えるよう、理解し易く、自社の経営状況の把握に役立つ会計

• 中小企業の利害関係者（金融機関、取引先、株主等）への情報提供に資する会計

• 中小企業の実務における会計慣行を十分考慮し、会計と税制の調和を図った上で、会社計算規則に準拠した会計

• 計算書類等の作成負担は最小限に止め、中小企業に過重な負担を課さない会計」（中小会計要領Ⅰ総論1．目的(2)）

　この会計処理基準は、大企業が準拠している「企業会計基準」とは異なる点が多いのですが、中小企業の財政状態および経営成績を表示する計算書類等の作成に十分に対応し得るものと考えられるのです。特に最近の企業会計基準は、国際会計基準（IFRS）との共通化を図っているためにきわめて難解になりつつあり、中小企業の経営者にとって自らの会社の経営状況を把握し難いといえますし、場合によっては金融機関の融資担当者にもわかり難いのではないかと考えられます。その意味で、この中小会計要領の利用は中小企業にとって負担が軽くかつ理解しやすい

内容になっていると考えられるのです。

2. 中小会計要領と他の会計基準との関係はどのようになっているのか

　中小企業向けの会計基準としては，この中小会計要領よりも先行して「中小企業の会計に関する指針」（以下，中小指針という）が平成14年6月に中小企業庁により策定・公表されました。しかしこの中小指針が準拠しているは，国際会計基準（IFRS）の制定によってコンバージェンス（共通化）される「企業会計基準」の影響を受けています。この国際会計基準ですが，個々の取引等に関する会計処理について順次制定されており，その度ごとに「企業会計基準」が改訂され，あわせて中小指針も改訂されるのです。すでに数度の改訂があり，現在も次の改訂に向けた準備をしています。ですので，この改訂に従って会計処理を検討するのは，中小企業にとって大きな負担になるのです。

　一方，中小会計要領では個々の会計処理に関してあまり細部にわたる規定をしていません。そこで，「本要領の利用が想定されている会社において，金融商品取引法における一般に公正妥当と認められる企業会計の基準や中小指針に基づいて計算書類等を作成することを妨げない。」（中小会計要領Ⅰ総論3.）としています。すでに定着している実務慣行に従うことを許容しているのです。そのために，中小会計要領で触れていない事項については中小指針や企業会計基準によって会計処理することになり，「本要領で示していない会計処理の方法が必要になった場合には，企業の実態等に応じて，企業会計基準，中小指針，法人税法で定める処理のうち会計上適当と認められる処理，その他一般に公正妥当と認められる企業会計の慣行の中から選択して適用する。」（中小会計要領Ⅰ総論5.）としています。該当する具体的な会計処理は，ごく一般的に知られている内容になりますので，従来から採用してきている会計処理で，多くの

場合支障は生じません。

　また，企業会計基準が国際会計基準の影響を受けると，それに同調するように中小指針も改正が加えられていますが，「本要領は，安定的に継続利用可能なものとする観点から，国際会計基準の影響を受けないものとする。」（中小会計要領Ⅰ総論６．）として，国際会計基準の影響を直接受けることはありません。日本国内の企業会計基準が国際会計基準と共通化を図る作業途上ですが，一方米国は独自の会計基準をとっている現状で，全世界の統一基準とはなっていないので，会計基準の共通化にはまだまだ時間を要するのではないかと思われます。この中小会計要領では，解釈と処理がきわめて複雑になりつつある国際会計基準とは一線を画するものとしています。

3. 会計処理の継続性に関して

　企業会計基準で強く求められている一般原則ですが，中小企業の会計処理でも次のように会計処理の継続性が求められています。
　　「本要領により複数の会計処理の方法が認められている場合には，企業の実態等に応じて，適切な会計処理の方法を選択して適用する。
　　会計処理の方法は，毎期継続して同じ方法を適用する必要があり，これを変更するに当たっては，合理的な理由を必要とし，変更した旨，その理由及び影響の内容を注記する。」（中小会計要領Ⅰ総論４．）
　このように会計処理の継続性が求められるのは，同一の事実に対して複数の処理方法の選択適用が認められる場合で，いったん選択した方法は原則として変更してはならないとしているのです。この継続性を求めている理由は，
　① 会計処理の恣意的な選択適用を排除することで，利益操作を回避する。

② 毎期同一の会計処理をすることで，財務情報の期間比較可能性を維持する。

この２つがあげられます。もし，いったん採用した会計処理方法を他の方法に変更するのであれば，正当な理由がなければならないとされています。正当な理由とは，関係する法令の改廃，会計事実の変化，事実をより的確に表すことになる，等があげられます。そしてもし変更した場合には，その旨，理由そして従来の処理によった場合との影響額の注記が求められています。

この継続性の原則が強く求められている理由ですが，会計処理の恣意的な変更が可能になりますと，毎期の決算で都合のいい方法を適当に選択適用し，利益操作が可能になるのです。例えば固定資産の減価償却の方法を，定額法と定率法を適当に選択適用しますと，算出される減価償却費が変動し，その分損益計算書の当期純利益に影響が及びます。商品や製品等の棚卸資産の評価基準で，時価の下落に伴って評価損を計上する低価法と，その下落を認識せずに取得原価で評価する原価法のいずれかを選択適用するのですが，これも継続適用しませんと，評価減の計上の有無を適当に決めることができるようになってしまいます。そのため，継続性の原則を守らなければならないのです。

4. 複式簿記による記帳が前提です

「本要領の利用にあたっては，適切な記帳が前提とされている。経営者が自社の経営状況を適切に把握するために記帳が重要である。記帳は，全ての取引につき，正規の簿記の原則に従って行い，適時に，整然かつ明瞭に，正確かつ網羅的に会計帳簿を作成しなければならない。」（中小会計要領Ⅰ総論8.）

この中小会計要領では，複式簿記に従った帳簿体系を整えて記帳す

ることが前提となっています。日商簿記検定ですと，手書きの帳簿への記帳がテキストに出てきますが，実務上はほとんどの場合，会計システムに入力することで足りていますので，会計伝票から仕訳帳，総勘定元帳，補助元帳，補助簿に記入する作業はまったくありません。しかし，システムの中ではこの手作業とまったく同じ作業が行われているのです。問題は，いったんキーボードを叩いて取引を入力しますと，借方・貸方の金額が一致していれば，勘定科目が異なっていてもその仕訳が記帳されてしまいます。昔の手書きの帳簿でしたら，経理事務に慣れた担当者の目によるチェックが働いたのですが，現在のシステム入力では見過ごされてしまいます。会計システムに対する過度な信頼は，過ちを見過ごすおそれがありますので注意が必要でしょう。

　筆者の若かりし頃，監査先の企業の手書きの帳簿を基に会計監査をしましたが，その手書きの帳簿の字をみますと，誰が記帳したのかがわかり，ケアレスミスの多い担当者の記入した取引を注意して検証していました。しかし，現在では会計システムに入力され，プリンターから出力されるデータですと担当者の個性が消えてしまい，ポイントを絞る方法が1つなくなってしまいました。

5. 会計の一般原則について

　「企業会計原則」では，その第一に一般原則を掲げていますが，中小会計要領でも「利用上の留意事項」として下記項目をあげています。
　　「本要領の利用にあたっては，上記1．～8．と共に以下の考え方にも留意する必要がある。」（中小会計要領Ⅰ総論9．）
として，
　　「①企業会計は，企業の財政状態及び経営成績に関して，真実な報告を提供するものでなければならない。（真実性の原則）」（同上）

当然といえば当然の話です。

「②資本取引と損益取引は明瞭に区分しなければならない。（資本取引と損益取引の区分の原則）」（同上）

増資資金を，売上の入金と仮想して粉飾をしていた経済事件がありましたが，古典的な手口でした。そのような処理をしてはならないと定めているのです。

「③企業会計は，財務諸表によって，利害関係者に対し必要な会計事実を明瞭に表示し，企業の状況に関する判断を誤らせないようにしなければならない。（明瞭性の原則）」（同上）

果たしてこのような処理もしくは表示をすることが，この計算書類の読者にとって理解しやすいことになるのだろうかといった，自問自答することがありますが，そこでこの明瞭表示の考え方で判断するのです。

「④企業の財政に不利な影響を及ぼす可能性がある場合には，これに備えて適当に健全な会計処理をしなければならない。（保守主義の原則）」（同上）

法人税法上，損金算入が制約されている引当金ですが，将来の損失に備えるために必要であれば，この保守主義の考え方からして健全な会計処理として採用すべきなのです。ですから，この原則を「安全性の原則」ともいいます。

「⑤株主総会提出のため，信用目的のため，租税目的のため等種々の目的のために異なる形式の財務諸表を作成する必要がある場合，それらの内容は，信頼しうる会計記録に基づいて作成されたものであって，政策の考慮のために事実の真実な表示をゆがめてはならない。（単一性の原則）」（同上）

会社が作成する計算書類・決算書は，原則としてその目的のために作り替えられることは少ないのですが，公的機関への入札用，金融機関や取引先より示された雛形への記入を求められることがありますので，そ

の際に使う会計データは正規の簿記に従って記録された会計帳簿の数値を用いることになります。このようにその表示する形式は異なっても，会計数値は真実を表すものでなくてはならないとしているのです。

「⑥企業会計の目的は，企業の財務内容を明らかにし，企業の経営状況に関する利害関係者の判断を誤らせないようにすることにある。このため，重要性の乏しいものについては，本来の会計処理によらないで，他の簡便な方法により処理することも認められる。(重要性の原則)」(同上)

「企業会計原則」では，会計処理と表示の面で重要性の原則の適用例を示しています。処理の適用例としては，

- 消耗品等の少額物品については，購入時または払出時に費用とする例で，文房具等は物理的に使い切っていなければ費用とはならず，在庫品は棚卸資産となるのでしょうが，金額僅少のためそこまでの会計処理を求めないということなのです。
- 事務所の毎月の検針後の電気代等のように，前払費用や未払費用等で重要性の乏しいものは経過勘定項目として処理しなくてもいいのです。勿論工場のように大量の電力を消費する場合には，製造原価に算入しなければなりませんので，独自に検針をして未払電力料を計上することになります。
- 分割返済の約定になっている長期借入金の1年以内に返済期限が来るものについて，金額が僅少であれば短期借入金と表示しなくてもよく，そのまま長期借入金として表示してもいいのです。

このように，重要性を勘案して，より簡便な処理もしくは表示をしても，計算書類の情報提供機能を損なうことはないということなのです。

いずれの原則も，会計処理に携わる者として絶えず念頭に置くことです。会計処理の解釈や選択に迷ったときには，この原則に戻って考えてみるといいでしょう。筆者も実務に携わっている折に判断に窮した場合にはこの原則に立ち返って再考することにしています。

2 収益，費用の基本的な会計処理

1．収益の会計処理

「(1) 収益は，原則として，製品，商品の販売又はサービスの提供を行い，かつ，これに対する現金及び預金，売掛金，受取手形等を取得した時に計上する。」（中小会計要領Ⅱ各論1．）

収益の計上は実現主義をとっています。もちろん現金取引であれば，明瞭そのものですが，決済が先になるとするならば，その取引によって両当事者の間に債権債務が発生することを示しています。一方的に売上を計上しても，取引の相手が債務を認識していなければ，取引は成立していません。売上高を掛けで計上しても，債務者がいなければ売上高の架空計上になってしまいます。製品や商品の売上のタイミングですが，実務的にはその物品が自社の倉庫から出荷された時点を以て計上する出荷基準，得意先が物品を検収した時点を以て計上する検収基準があります。いずれの計上基準をとるかは実務慣行を継続して適用することになります。また，無形のサービスの提供をする場合には，相手がそのサービスを受けて代金の支払い債務を認識することが必要です。このタイミングがいい加減ですと，決算操作に使われるおそれがあります。

建設業等の長期工事で採用されることがある工事進行基準ですが，これは工事請負契約によって注文主の細かな工事仕様や内容が明確になっており，完成引き渡し時の売上高が契約によって合意されています。そして，工事原価の積算計算が正しくできていれば，すでに工事が行われた部分の収益は工事原価の発生に伴って実現していると考えるのです。数年にわたる長期工事の場合に，完成引渡時まで売上高（完成工事高）が計上できないと，注文に基づいて工事をしているという事業努力が工

事途中の年度では売上高（完成工事高）として計上されず，その事業努力がまったく無視されてしまい，場合によっては赤字となってしまいます。工事完成までの期間でも，その事業努力を把握して収益計上する方法が工事進行基準なのです。

その他に，特殊な契約に基づいた売上高の計上基準があります。その代表例として次の4つがあります。

特殊な販売契約名	収益計上基準
委託販売契約	委託者が受託者に商品の販売を委託するもので，受託者が第三者に販売した連絡（受託販売仕切清算書の到着）日を以て売上高を計上する。
試用販売契約	試用品を顧客に送り，顧客からの買取りの回答を受けて売上高に計上する。
予約販売契約	商品・製品の予約を受けて手付金（前受金）を受領したのちに，注文品を出荷した際に売上高を計上する。
割賦販売契約	原則として商品を引き渡した日に売上高を計上する。但し，代金の回収期限到来日または入金日に売上高の計上または粗利の計上をすることができる。

売上収益の計上基準が実現主義を原則とするため，上記のような特殊な契約に基づく販売方法をとっている場合には，それぞれを検討しなければなりません。

また，前期の工事を例にとりますと，工事請負契約を施主（注文主）と契約した時点で売上高を計上している例や，第一回目の工事代金（着工金）を受領した日に売上高を計上している例をみたことがあります。とんでもないことなのですが，驚くような会計処理をしていることがあるのです。このような会計処理に基づいて作成される決算書・財務諸表では，その企業の経営成績を表すことにはまったくなりません。ちなみに，上記のような収益の計上をしていた企業はその後経営破綻してしまいました。

建設業について触れましたので，今一つ困る実例を示します。建設業やプラント建築業では，複数の事業者が共同してJV（ジョイント・ベンチャー，共同企業体）方式で工事を行うことがあります。このJVでは，各事業者の工事担当割合を決めて施工するのです。そのうちで主体となる事業者を俗称「JVの親」といい，その他の事業者を「JVの子」といって，工事の完成に向けて担当割合に従って発生する工事原価を負担し，竣工引渡時には担当割合に応じた完成工事高を計上するのです。実はある建設会社が株式の公開準備を始めたのですが，従来に比べて完成工事高が激減したのです。その原因ですが，その会社はJV工事による完成工事高を，他社の分まで自社の完成工事高として計上し，他社への配分額を工事原価に計上していたのです。最終的な利益額は変わらないのですが，完成工事高が過大計上となっていたのです。当然ですが，会計監査人の指摘を受けて他社分の完成工事高を除外し，そのために大幅減収になったのです。

2. 費用の会計処理

　「(2) 費用は，原則として，費用の発生原因となる取引が発生したとき又はサービスの提供を受けた時に計上する。」（中小会計要領Ⅱ各論1．）

　費用の計上においてもその事実の発生時に認識する発生主義によります。この発生主義とは異なる代表的な認識基準が，官庁会計で取り入れられている現金主義会計です。現金または預金の動きによって費用・原価を認識する考え方ですが，国の機関が独立行政法人化されてきており，公営企業会計も逐次現金主義から発生主義へと変わってきています。（この発生主義による会計処理こそがグローバル・スタンダードなのですが，先進国で唯一単式簿記と現金主義をとっているのが我が日本政府です。残念！）

3. 費用収益対応の原則

「収益とこれに関連する費用は，両者を対応させて期間損益を計算する。」（中小会計要領Ⅱ各論1．）

これは，費用収益対応の原則といい，売上高に対する売上原価と販売費及び一般管理費という対応関係を明確に示すことが求められているのです。売上高のみ計上し，対応すべき売上原価が未集計として計上されなければ，利益が過大に計上され，次年度には売上のない売上原価が計上されることになります。きわめて単純なことなのですが，利益操作の代表的な手口です。また，当該年度に発生している費用をその年度に計上しませんと，その年度の正しい利益額が示されないことになります。損益計算書の役割が，その年度の利益額または損失額を示すことにあるので，この期間損益の計算に関する原則が重要になるのです。

4. 費用・収益の総額表示

「収益及び費用は，原則として，総額で計上し，収益の項目と費用の項目とを直接相殺することによってその全部又は一部を損益計算書から除去してはならない。」（中小会計要領Ⅱ各論1．）

この総額表示の要求は，取引の実態を表示するためのもので，売上高と売上原価を相殺して粗利益だけを表示するなどということは言語道断ですが，その他にも受取利息と支払利息を相殺するとか，固定資産の売却益と売却損を相殺するとか，有価証券売却益と評価損を相殺するなどといったことが考えられますが，いずれもこの総額表示の要求に反するものです。

3 資産・負債の基本的な会計処理

1．資産の勘定科目

　貸借対照表の資産に計上する勘定科目は様式に下記のように示されていますが，適宜その内容を表す科目名を追加することを妨げないものと考えられます。

Ⅰ　流動資産
　現金及び預金，受取手形，売掛金，有価証券，製品及び商品，仕掛品，原材料及び貯蔵品，短期貸付金，前払費用，未収収益，その他，貸倒引当金
Ⅱ　固定資産
　（有形固定資産）
　建物，構築物，機械及び装置，工具，器具及び備品，土地，その他
　（無形固定資産）
　ソフトウェア，借地権，その他
　（投資その他の資産）
　投資有価証券，関係会社株式，出資金，長期貸付金，長期前払費用，その他，貸倒引当金
Ⅲ　繰延資産
　開発費

　資産に計上する勘定科目は，その名称をみて内容がわかるようにすべきで，上記の科目名称に拘るものではありません。まずは明瞭表示を大

前提と考えるのです。

2. 負債の勘定科目

　貸借対照表の負債に計上する勘定科目は様式に下記のように示されていますが，資産と同様に適宜その内容を表す科目名を追加することを妨げないものと考えられます。ここでも貸借対照表の明瞭表示が求められるのです。

Ⅰ　流動負債
　支払手形，買掛金，短期借入金，未払金，預り金，未払費用，未払法人税等，前受収益，賞与引当金，その他
Ⅱ　固定負債
　社債，長期借入金，退職給付引当金，その他

---

3. 基本的な会計処理

　「(1) 資産は，原則として，取得価額で計上する。
　(2) 負債のうち，債務は，原則として，債務額で計上する。」（中小会計要領Ⅱ各論2．）

　敢えて念を押す程の必要のない内容ですが，資産は取得原価主義に基づいて貸借対照表に計上し，取得時以降の時価の変動を原則として帳簿価額に反映させないのです。一方，企業会計基準では国際会計基準の影響を受けて時価主義の考え方が入ってきており，場合によっては時価評価が求められます。

　負債に関しては，支払うべき金額で貸借対照表に計上することになり

ます。国際会計基準では，時間価値をみる考え方がでてきています。1年先に返済する借入金と10年先に返済する借入金では現在価値が違うというのです。確かに時間の経過を考えてみますと頷けるのですが，相当に面倒なことになり，中小会計要領ではこの考え方をとってはいません。

4 金銭債権および金銭債務

1. 金銭債権に関する会計処理

　「金銭債権は，原則として取得価額で計上する。」（中小会計要領Ⅱ各論3.）

　ここでいう金銭債権とは，受取手形，売掛金，貸付金等とされていますが，その他に未収入金，立替金，前払金等があります。貸借対照表に計上する金額はその取得価額によります。

　また，社債についてもこの金銭債権としています。社債を額面金額とは異なる価額で取得した場合は，額面金額と取得価額の差額を社債の約定利息の調整分と考えて，その社債償還期間にわたって営業外損益に按分して計上することを示しています。つまり額面金額100万円の社債を98万円で取得した場合，この差額2万円は社債の約定利率とその取得時点の市場利回りとの乖離を調整することを意味しているのです。最近あまり流行っていませんが，その昔某国会議員が脱税目的で多額に割引債を隠しもっていたことが報道されました。脱税に使われたのは，無記名で誰がもっているかがわからない仕組みになっていたからです。さて，この割引債ですが，社債利息はなく社債そのものを額面金額よりも安く発行し，満期に額面金額で償還するものです。この額面金額と発行金額との差額が実質的な社債利息になるのです。この差額を償還期である満期までの期間の社債利息と考えるのですから，その期間に按分して受取利息として計上するのです。もし，額面金額よりの高い価額で取得した場合には，その差額を受取利息からマイナスすることになります。

2. 金銭債務に関する会計処理

「金銭債務は，原則として，債務額で計上する。」（中小会計要領Ⅱ各論3．）

この金銭債務とは，支払手形，買掛金，借入金等をいいますが，その他にも前受金，未払金，預り金等があります。この金銭債務も取得価額で貸借対照表に計上することになります。

社債を発行して資金調達している場合は負債に計上されますが，資産での考え方と同様に，額面金額と異なる価額で発行した場合には，その差額を償還期間にわたって按分して営業外損益に計上します。これも資産に計上する保有社債と同様に，社債を発行する際の市場の実効レートと社債のクーポンレートとの差を，社債の発行価格で調整をしますので，額面金額と発行金額の差額は支払利息の調整という処理をするのです。

3. 割引手形および裏書譲渡手形の会計処理

「受取手形割引額及び受取手形裏書譲渡額は，貸借対照表の注記とする。」（中小会計要領Ⅱ各論3．）

受取手形を金融機関で割引いて現預金にした場合，または債務の決済のために手元にある他社振出しの受取手形を代金の支払いの代わりに譲渡した場合に，その金額を貸借対照表に注記することを求めています。この理由ですが，受取手形を金融機関で割引いても，もしその手形が不渡りとなった場合には，金融機関に対して弁償しなければなりません。また，裏書譲渡の場合にも同じで，譲渡した手形が不渡りとなると譲渡した先から弁償を求められます。この注記は，金融機関で割引いた手形や裏書譲渡した手形はすでに手元にないために，貸借対照表に計上されてはいませんが，もしその手形を振り出した支払人が支払い不能になっ

て不渡りとなった場合，その偶発債務の存在を示しているのです。金融機関に割引のために持ち込んだ受取手形には受取人が記載されていますし，裏書譲渡した場合には手形の裏面に手形の譲渡人が印鑑を押すことになっていますので，不渡りとなった場合には，最初の受取人がわかるようになっています。

　話は雑談ですが，優良企業が振り出した手形は信用力があり，債務の決済のために点々流通することがあるのです。例えば，仕入先の買掛金の支払いのために手元にある受取手形を譲渡することで決済するのです。その際には，つまりその手形に記載されている受取人が譲渡したことを示すために，譲渡する手形の裏に裏書（通常は印鑑を押しますが）をします。このように信用力のある者が振り出した手形は，あたかも現金と同じように決済手段として譲渡が繰り返されるようになります。そのような場合には順次譲渡人が印鑑を押しますので，手形の裏に譲渡人の印鑑を押す場所が無くなり，白い紙を追加して貼り付けて印鑑を続けて押していくことになります。信用力の高い手形にはこのように「白が付く」のです。「箔が付く」という言葉の語源がここからきているというのです。果たして信じますか？

　また，受取手形を割引く取引ですが，以前は金融機関から手形担保の借入と同様と考え，手形の券面額と入金額との差額を支払利息という考え方をとっていました。しかし現在では手形の譲渡と考え，以前の支払割引料は手形譲渡損となりました。譲渡とはいっても，上記のように割引いた手形が不渡になると，金融機関からその手形の額面額の返済を求められるので，手形担保の借入と同じなのです。「会計指針」では手形譲渡損とする会計処理をとっていますが，何となく頷けないのです。「中小会計要領」ではそのような指示はしていません。手形を割引いている金融機関でも，手形の買取りとは考えていません。手形を担保とした融資であり，上記のようにその手形が不渡りとなった場合には，その手形

の振出人に弁済を求めるのではなく，手形を持ち込んで割引いた者に対して返済を求めてきます。

4．営業上の債権・債務と営業外の債権・債務の区分

　中小会計要領では，債権・債務を営業取引によって生じたものと，それ以外の取引によって生じたものとの区分を示してはいませんが，中小指針では企業会計基準と同様に営業取引から生じた債権・債務と，それ以外の取引を原因とした債権・債務とを分けています。例えば，売掛金の回収として受取った手形と，金銭の融通のために受取った手形とを分けているのです。貸借対照表に計上されている受取手形のうち，通常の商取引によるものと，他社に資金の融資をして受取った手形とでは，性格が違うため区分すべきなのです。

　また，流動資産・負債と固定資産・負債に区分する基準ですが，通常の商取引によって生じた債権・債務は営業循環基準という基準を適用することによって流動資産・負債に計上し，その他の取引によって生じた債権・債務は1年基準（One Year Rule），つまり事業年度末日から1年以内に決済日が到来するか否かによって流動と固定とに分けることになります。通常の営業によって生じた債権であっても，回収困難となった延滞債権等は通常の決済条件から逸脱したものとして営業循環基準から除外され，営業取引以外によって発生した金銭債権と同様に1年基準を適用することになります。

5 貸倒損失と貸倒引当金

1. 貸倒損失とは

「(1) 倒産手続き等により債権が法的に消滅したときは，その金額を貸倒損失として計上する。

(2) 債務者の資産状況，支払能力等から見て回収不能な債権については，その回収不能額を貸倒損失として計上する。」（中小会計要領Ⅱ各論4．）

貸倒とは読んで字の如くです。受取手形，売掛金，未収入金，貸付金等の金銭債権は，その債務者の破綻等によって回収困難となることがあります。法的に消滅とありますが，これは会社の破産，清算，会社更生，民事再生等で法的に回収不能が確定した場合をいいます。また債務者の経営状況が悪化して，例えば手形等の不渡，実質的に事業活動の停止，夜逃げ等で回収が困難と考えられる債権は，相手に対する債権額から担保物の評価額を差引いた残額を貸倒損失とします。この担保物ですが，営業保証金や相手に支払うべき金銭債務であればその金額で評価できるのですが，その他の物ですと評価が難しくなります。その昔，監査先に会社で取引先が突然夜逃げ（ドラマのようですが，本当にあるのです）をしてしまい，多くの債権者が押し寄せてきている中，営業担当者が中古のトラックと置物をもって帰ってきました。このときには，相手が夜逃げをしてしまっているので貸倒損失を計上しなければなりませんが，トラックと置物をどのように評価すればいいのか困ったことを思い出します。本来正式な手続きを経ずに債務者の財産をもってきてしまったので，適法な手続ではないのですが，債権者（借金取り）が先を争ってお金になりそうな物を持ち出している中，少しでも債権の回収の足しになれば

という気持ちで営業担当者が持ち帰ってきたのです。でも，トラックの譲渡では現所有者からの名義変更が必要ですし，置物も評価に窮したのです。

さて，この貸倒損失を損益計算書に計上するときには，その債権の区分に応じて次のように表示します。

①営業取引によって発生した債権が貸倒になったとき…………販売費
②営業取引以外で発生した債権が貸倒になったとき………営業外費用
③臨時巨額だったとき……………………………………………特別損失

この③の特別損失の区分に計上する貸倒損失とは，通常ではありえない程に金額が巨額であるため，毎期反復して起こるものではない非経常性に着目して特別損失となるのです。商取引をしていれば，取引先が支払困難になることはあり得ることで，毎期起こり得ることとして販売費に計上するのです。

法人税法で損金に算入できる貸倒損失には諸々の条件が付されていて算入限度額がありますが，損金算入の是非いかんにかかわらず回収困難と認められる金額を貸倒損失として処理すべきであり，税法と判断が異なる場合があります。

2. 貸倒引当金

「(3) 債務者の資産状況，支払能力等から見て回収不能のおそれのある債権については，その回収不能見込額を貸倒引当金として計上する。」(中小会計要領Ⅱ各論4.)

この貸倒引当金の計上には，後述する他の引当金と同様に下記の要件を満たした上で見積額を引当て計上します。

「・将来の特定の費用又は損失であること
・発生が当期以前の事象に起因すること

- 発生の可能性が高いこと
- 金額を合理的に見積もることが出来ること」（中小会計要領Ⅱ各論11.）

　この４つの要件を満たした上で引当金を計上するのですが，貸倒損失の発生可能性を考えて計上するのですから，より精緻に判断するためには引当対象債権の内容に応じた引当計算をすべきでしょう。企業会計基準では，引当対象となる金銭債権を次の３つのカテゴリーに分けて貸倒見積額を算定しています。

　次の表は「中小指針18.」に示されているもので，債務者の状況によって，その債権を一般債権，貸倒懸念債権および破産更生債権等に分けて，各々の貸倒見積額を計算して，引当金として計上するのです。債権の回収可能を判断する有用な方法ですね。

一般債権	経営状態に重大な問題が生じていない債務者に対する債権	債権全体又は同種・同類の債権ごとに，債権の状況に応じて求めた過去の貸倒実績率等の合理的な基準により貸倒見積額を算定する。
貸倒懸念債権	経営破綻の状態には至っていないが，債務の弁済に重大な問題が生じているか又は生じる可能性の高い債務者に対する債権	原則として，債権金額から担保の処分見積額及び保証による回収見積額を減額し，その残額について債務者の財政状態及び経営成績を考慮して貸倒見積額を算定する方法。
破産更生債権等	経営破綻又は実質的に経営破綻に陥っている債務者に対する債権	債権額から担保の処分見込額及び保証による回収見込額を減額し，その残額を貸倒見積額とする。

　上記のように，債務者の状況に応じて貸倒引当金を計上するのです。確かに債務者の状況を反映して，貸倒の可能性を見積もることには合理性があると思います。そのためには，債務者の状況を把握していませんと債権を３つのカテゴリーに分けることはできません。特に一般債権と貸倒懸念債権の債務者をどのように分けるのかは悩ましい話ですが，営

業取引で与信行為をする場合，つまり相手を信用して掛けで売る場合には，その相手の状況を把握していませんと，どこまで掛けで売ることができるのかがわからなく，場合によっては大きな貸倒の原因になるおそれがあります。ここに取引先への与信枠設定という債権管理手法が必要になるのです。

担保の処分見込額ですが，場合によっては叩き売りになります。不動産ですと，一般的には評価額の70％程度を回収見込額としています。また，保証による回収見込額ですが保証協会等の公的な機関の保証または金融機関の保証でしたら，その保証額が回収できますが，個人保証等でしたら回収は期待できない可能性が高くなりますので，保証そのものの内容も調べなければなりません。

6 有価証券

1. 有価証券の評価

「(1) 有価証券は,原則として,取得原価で計上する。

(2) 売買目的の有価証券を保有する場合は時価で計上する。」(中小会計要領Ⅱ各論5.)

ここで「売買目的有価証券」という名称がでてきて,当惑する方がいるかと思います。株式等の有価証券を短期的に保有するというのは,売買を意図しているのでこの「売買目的」に該当するのではと考えるでしょう。実はここでいう売買目的というのは,商品や製品のような棚卸資産と同様に売買取引をすることを想定したジャンルなのです。言ってしまいますと,有価証券の売買を業として営んでいる会社が該当するのです。つまり保有する有価証券を「売買目的有価証券」として分類するためには,有価証券の売買を業としていることが定款の上から明らかで,この有価証券のトレーディング業務を日常的に行っている専門部署が設けられている場合が該当するのです。多くの上場会社では例外なく株式等の有価証券を保有していますが,この「売買目的有価証券」に該当する例はきわめて少ないのです。例えば本社の財務部門に債券のディーリング・ルームを設けて日々刻々と変わる債券市場で頻繁に売買を繰り返しているように,有価証券の売買を本業の1つにしているような規模で行っている場合に,この「売買目的有価証券」という勘定科目を使うことになるのです。ですから,「売買目的の有価証券」をもつことは通常はあり得ないと言っていいでしょう。もし売買目的で有価証券を保有するのでしたら,毎事業年度末に時価によって評価することになり,その際に発生する評価差額は「営業外損益」に計上することになります。こ

うなりますと,毎期の年度末の有価証券の時価が気になってしまい,場合によっては多額の評価損を計上せざるを得なくなります。もちろん決算の着地予測も難しくなります。

また,この売買目的有価証券の期末評価によって生じる評価益は税務上も益金に,評価損は税務上の損金となります。

中小会計要領に「売買目的有価証券」に関して記載していますが,この適用を受けるケースはきわめて少ないのではないかと考えます。

「(3) 有価証券の評価方法は,総平均法,移動平均法等による。

(4) 時価が取得原価よりも著しく下落したときは,回復見込みがあると判断した場合を除き,評価損を計上する。」(中小会計要領Ⅱ各論5.)

有価証券の評価方法(評価方法というと,移動平均法,先入先出法等の受払方法をいいます)では,同一の権利を表彰する証券はまったく同一のものと考え,移動平均法が適していると考えます。株式では通常は同じ株数であれば同じ権利を有するので,同一のものとして評価します。また債券ならば同一の発行者の同一の条件の債券であれば,同一のものとして平均価格を計算します。ですから,同じ国債であってもその回号が異なれば,違う債券として評価することになります。ここで示されている総平均法とは一定期間(毎月,半年,1年等の期間)に購入した同一銘柄の平均購入単価を算出して,売却した有価証券と保有する有価証券の簿価とするのです。これに対して移動平均法とは購入の都度平均単価を計算するものです。実際の有価証券の受け渡しを考えますと,移動平均法が事実に即しているものと考えられます。

また,期末時の評価ですが,やはり従来からの表現になっています。「時価が取得原価よりも著しく下落」とありますが,この著しく下落している場合とは原則として50%以上下落した場合をいいます。また「回復見込みがあると判断した場合を除き」とありますが,この表現が曲者なのです。期末日の時価が回復するか否かの判断は誰もできません。単

に期末日に一時的に下落し，その後に時価が回復したのであれば，回復可能性があったと説明できますが，さもなければ難しいでしょう。そこで通常は50％以上下落している場合には，その後の時価が急騰しない以上評価損を計上することになります。ただしここでいう時価の回復とは僅かな値上がりではなく，取得原価までの回復の可能性があるのかを尋ねているのです。その有価証券に取得原価の価値があるとして貸借対照表に計上するのですから，資産としてその価値があるのかを問い質しているのです。

企業会計基準で定める金融商品会計基準では，時価の下落が30％以上を著しい下落とし，2期間にわたって一度も下落率が30％未満にならなかった場合には，時価の回復可能性がないとして評価減（基準では減損処理といいますが）を求めています。

ただし，税法では「当該有価証券の当該事業年度終了の時における価額がその時の帳簿価額のおおむね50％相当額を下回ることとなり，かつ，近い将来その価額の回復が見込まれない」場合に，損金として認めるとしており，この将来の時価の回復可能性の立証が難しいでしょう。また，上記の金融商品会計基準で定めている30％基準による評価損の計上も認めていません。しかし，税法上認められなくても，資産価値が毀損している事実は覆すことはできず，適正な評価額によって貸借対照表に計上すべきです。

では，時価のない有価証券ではどうでしょうか。株式が公開されていれば，市場価格がありますが，非公開会社の株式では時価がありません。このような場合にはその株式を発行している会社の実質価値で判断することになり，1株当たりの実質価値とその株式の1株当たりの帳簿価額との比較をして，50％以上下落していれば評価損を計上することになります。

2. 有価証券の分類

　中小会計要領では有価証券を，流動資産に計上する「有価証券」と固定資産の投資その他の資産に計上する「投資有価証券」とに分けています。しかし，企業会計基準とそれに準拠している中小指針では，有価証券を次のように分類しています。

分類		貸借対照表価額	評価差額の処理
売買目的有価証券		時価	損益（営業外損益）
満期保有目的の債権		償却原価 (取得原価)	償却原価法による差額： 営業外損益
子会社株式及び 関連会社株式		取得原価	該当なし
その他 有価証券	市場価格 あり	時価	純資産の部（税効果考慮後の額） （全部純資産直入法の場合）
	市場価格 なし	取得原価 (債券:償却原価)	該当なし （償却原価法による差額：営業外損益）

(会計指針19.)

　このように分類するのは，それぞれに評価基準とその評価差額の会計処理を定めているからです。第6章で示している貸借対照表の様式では，有価証券に関して流動資産に計上する「有価証券」，固定資産に計上する「投資有価証券」と「関係会社株式」が例示されています。「関係会社株式」は上記の表示の「子会社株式及び関連会社株式」が該当します。一般的に企業が保有する有価証券は，前述のとおり「売買目的有価証券」になることはきわめて少なく，通常では「その他有価証券」の分類になります。そして，その有価証券のうち，証券市場において流通するもので，短期的資金運用のために一時的に所有するものを流動資産の「有価証券」に計上し，証券市場において流通しないもの若しくは長期的に所有するものは固定資産の「投資有価証券」に計上します。

7 棚卸資産

1. 棚卸資産とは

　棚卸資産は，商品，製品，半製品，仕掛品，原材料，消耗品，貯蔵品等が該当します。内容としてはその企業が販売を目的に保有しているもので，通常は固定資産になる土地も，不動産販売会社にとっては販売用不動産という棚卸資産になりますし，同様に車両も自動車販売会社にとっては棚卸資産になります。製材のために山林をもっている木材会社ではこの山林の木材が棚卸資産になります。このように，展開している事業によって棚卸資産が決まります。

　また直接販売しない原料・材料ですが，社内で加工して製品として販売するのですから棚卸資産になりますし，加工の途中にあるのが仕掛品で棚卸資産になります。建設会社が顧客の注文に応じて建設中の建物や構造物も未成工事支出金という勘定科目名の棚卸資産です。

　消耗品と貯蔵品は余り区別はしていませんが，使用することで消耗してしまうブレーキ・パッドや精錬用の炭素製電極，ハロゲン電球，工具，その他にボイラー用の重油，事務用品，切手と収入印紙等の在庫品が該当します。

2. 棚卸資産の評価方法および評価基準

「(1) 棚卸資産は，原則として，取得原価で計上する。

　(2) 棚卸資産の評価基準は，原価法または低価法による。

　(3) 棚卸資産の評価方法は，個別法，先入先出法，総平均法，移動平均法，最終仕入原価法，売価還元法等による。

(4) 時価が取得原価よりも著しく下落したときは，回復の見込みがあると判断した場合を除き，評価損を計上する。」(中小会計要領Ⅱ各論6.)

　仕入れた棚卸資産は，購入金額に運送費や検査費等の付随費用を加えた取得価額で，製造した棚卸資産に関してはその製造に要した原材料費，人件費，経費を集計した原価計算に基づいた製造原価で評価します。

　評価基準は取得原価による原価法と，時価（市場価格）と取得原価との低い価格によって評価する低価法のいずれかを選択します。

　評価方法とは，棚卸資産の受払記録による評価計算の方法で，それぞれの棚卸資産の受払の実態を反映した方法を選択すべきでしょう。個別法は，個々の棚卸資産に個性があって，保有している棚卸資産が同一とはみなせないものに適用すべき方法で，個別受注でプラントメーカーが製造する機械装置や建設業が建設する建物の評価に適しています。棚卸資産の実際の受払方法を勘案して選択する方法が，先入先出法，後入先出法，総平均法，移動平均法です。生鮮食料品ですと商品が腐る前に売らなければなりませんので，先に仕入れたものから順に売って行くので先入先出法です。経年変化をまったく気にする必要のない製品を倉庫に積み上げて，注文の都度に手前にあるものから順次出荷するのであれば，後に仕入れたものを先に払い出しているので後入先出法です。液体タンクに貯蔵してから払い出しているのなら，仕入の時期によって仕入単価が異なっていても，液体ですから混ざってしまいます。このような棚卸資産に対しては総平均法または移動平均法が妥当でしょう。多品種大量に商品を在庫するスーパーや百貨店では個々の商品の受払を個別に記録するのは煩雑ですので，平均原価率を計算して売価で棚卸をしてから，その棚卸高に原価率を乗じて棚卸資産額を計算する売価還元原価法が適用されます。最終仕入原価法は簡便法として考えられている方法で，期末直前の仕入価格で同種の期末在庫を評価するのですが，余り適正な方

法とはいえません。期末日に一個仕入れることで他の商品もその仕入価格で評価するのですから，恣意的に棚卸資産価額を操作できる余地があります。きわめて簡便な方法ではありますが，最終仕入原価法はお勧めではありません。ちなみに株式を公開する際には，棚卸資産の評価に重要性がないほど影響が少ない場合を除き，この最終仕入原価法を採用していることは重大な支障となり，変更を求められます。

3. 時価の下落による低価評価

　時価が著しく下落した場合には評価損を計上しなければならないのですが，これは前述の原価法と低価法をいっているのではありません。原価法を採用しているが，余りに時価が下落したため強制的に時価による評価を行うのです。この強制低価評価で，「回復の見込みがあると判断した場合を除き」とあるのですが，時価が相場によって変動する資産ですと判断が難しくなりますが，一般的には値下がりした資産が値上がりするのは，ごく限られた環境ではないでしょうか。「時価が取得原価よりも著しく下落したとき」の下落率について具体的な数値が示されてはいませんが，凡そ50％を前提に考えてみることでしょう。ただし，その棚卸資産の特性から次のような場合には時価の回復可能性はないものと考えられます。

①　物理的に損傷した場合。例えば火災によって消火防水を浴びてしまった場合。
②　アパレルのように流行遅れになってしまい，従来の価格では販売できず，値下げせざるを得ない場合。
③　より品質に優れた競合品が安く市場に出てきた場合。
④　著しく陳腐化してしまった場合。

等が該当します。衣料品等のアパレルでは毎年のように流行が変わるた

め，その年の売れ残りは機能的には何ら問題はないのですが，多少の値下げをしても売れなくなります。また，毎年のように新製品を出しているパソコンやデジカメでも次の新製品が出てくると大幅に値下がりします。新聞広告等で少し前に出た製品や衣料が大幅に値下げをしてバーゲンされていますが，これは在庫処分で捨てるよりはまだましとばかりに叩き売りをしているのです。

4．評価損の計上箇所

棚卸資産の評価損を計上する場合の計上区分は次のようになります。
①製品の製造に関連して発生した評価損……………………製造原価
②臨時の事象によって発生かつ多額な評価損………………特別損失
③上記①および②以外の場合……………………………………売上原価

棚卸資産は販売することを目的に保有するものであり，期末の在庫資産は次期以降の収益を稼得するための財産です。その財産が含み損を抱えていて，貸借対照表に計上されている価値以上の収益を稼得できなければ，その貸借対照表が企業の財政状態を適正に表していないことになってしまいます。その意味からも，時価に注目して保有する棚卸資産の評価額を把握していなければなりません。相当の備蓄をもつ石油元売り会社では，石油を総平均法で評価しているため，原油価格の下落によって含み損を抱えてしまいます。

8 経過勘定等

1. 経過勘定とは何でしょう

　経過勘定とは，事業年度を跨る事象を表す勘定科目です。この経過勘定には，資産である前払費用と未収収益，負債である未払費用と前受収益があります。その内容は次の表のとおりです。

	内容	具体例
前払費用	決算期末においていまだ提供を受けていないサービスに対して支払った対価	前払いの支払家賃や支払保険料，支払利息等
前受収益	決算期末においていまだ提供していないサービスに対して受け取った対価	前受の家賃収入や受取利息等
未払費用	既に提供を受けたサービスに対して，決算期末においていまだその対価を支払っていないもの	後払いの支払家賃や支払利息，従業員給料等
未収収益	既に提供したサービスに対して，決算期末においていまだその対価を受け取っていないもの	後払いの家賃収入や受取利息等

(中小会計要領Ⅱ各論7.)

　この経過勘定の計上根拠は，「一定の契約に従い，継続して役務の提供を行う」ことが前提になっています。つまり，

　①一定の契約に基づいていること

　②継続的な役務提供契約であること

が計上の根拠になっているので，取引の片方が支払わない，または役務を提供しないということを想定していないのです。そしてこの契約に基づいて役務の提供が行われる期間が決算期末の前後を挟むことによって生じる勘定なのです。

この経過勘定は役務提供契約以外の契約等によるものとは区別されており，前払費用と前払金，前受収益と前受金，未払費用と未払金，未収収益と未収金は区別しなければなりません。

2．期間損益計算との関係

　「(1) 前払費用及び前受収益は，当期の損益計算に含めない。
　 (2) 未払費用及び未収収益は，当期の損益計算に反映する。」（中小会計要領Ⅱ各論7．）

　経過勘定は一定の役務提供契約に基づいているので，期間対応がはっきりしており，費用及び収益の金額も容易に計算できます。

　また，前払費用と前受収益の貸借対照表への計上では，1年基準に従って長期と短期に分けて計上します。実務においても固定資産または固定負債に計上されている例をみます。

9 固定資産

1. 固定資産の内容

「(1) 固定資産は，有形固定資産（建物，機械装置，土地等），無形固定資産（ソフトウェア，借地権，特許権，のれん等）及び投資その他の資産に分類する。」（中小会計要領Ⅱ各論8．）

　固定資産はその名のとおり長期にわたって企業の事業活動に投下されるもので，長期間にわたって継続的に保有されるという性格を有しています。有形固定資産のように物理的に物が存在するものはその実在性が視覚によって認識できるのですが，無形固定資産では物理的な存在ではないため，その認識に苦労します。借地権や特許権のように，契約等で権利が確定し経済的な価値が認められる資産はその存在に説得力があるのですが，暖簾のようにその実在性と資産性の認識に判断が難しい資産もあります。

2. 固定資産の評価

「(2) 固定資産は，原則として，取得原価で計上する。

(3) 有形固定資産は，定率法，定額法等の方法に従い，相当の減価償却を行う。

(4) 無形固定資産は，原則として定額法により，相当の減価償却を行う。

(5) 固定資産の耐用年数は，法人税法に定める期間等，適切な利用期間とする。

(6) 固定資産について，災害等により著しい資産価値の下落が判明

したときは，評価減を計上する。」（中小会計要領Ⅱ各論8.）

　固定資産の取得原価は，当該資産の購入価額に引取費用等の付随費用を加算して算出します。贈与その他無償で取得した資産については，公正な評価額を以て取得原価とします。

　有形固定資産は使用することによって価値が減少するとして，その費用化するための手段が減価償却計算です。価値の減少は当該固定資産の時価が減少することで測るのは難しく，規則的な計算方法をとるのです。その価値の減少を時間の経過を尺度として計算するのが一般的です。代表的な方法としては，定率法と定額法があります。定率法とは減価償却後の帳簿価額に一定率を乗じて減価償却費を算出するものであり，定額法は毎期一定額の減価償却費を算出するものです。この定額法と定率法に違いを計算例で示しましょう。取得価額200万円，耐用年数6年の機会を想定します。

【定額法】 償却率0.167

年度	帳簿価額	償却率	減価償却費	残存価額
1	2,000,000	0.167	334,000	1,666,000
2	1,666,000	0.167	334,000	1,332,000
3	1,332,000	0.167	334,000	998,000
4	998,000	0.167	334,000	664,000
5	664,000	0.167	334,000	330,000
6	330,000	—	329,999	1

【定率法】償却率0.417　改訂償却率0.500　保証率0.05776

年度	帳簿価額	償却率	減価償却費	残存価額
1	2,000,000	0.417	834,000	1,666,000
2	1,166,000	0.417	486,222	1,332,000
3	679,778	0.417	283,467	396,311
4	396,311	0.417	165,261	231,050
5	231,050	0.500	*115,525	115,525
6	115,525	―	115,524	1

＊償却保証額2,000,000×0.05776＝115,520
　償却額231,050×0.417＝96,347
　115,520＞96,347　∴改訂償却額231,050×0.500＝115,525

　前者の定額法は，読んで字の如く毎期均等の償却額になります。ただ，最終年度は残存価額1円を残すことになります。後者が定率法で，毎期減価償却額を差引いた帳簿価額に償却率を乗じて計算します。ただ，5年目は少々複雑な計算になります。この両者を比べますと，定率法の方が加速度的に減価償却計算をしますので，帳簿価額が早めに減少します。

　この他に，資産の使用量を測って計算をする生産高比例法があります。これは鉱山の坑道や油田の設備のように埋蔵量を基準にして，採掘した量を尺度にして減価償却計算をするのです。

　無形固定資産のうち価値が減少するものは，原則として定額法によって減価償却計算をします。

　時間を価値の減少を図る尺度としている場合の利用可能期間，つまり耐用年数ですが，一般的には法人税法に定める法定耐用年数によっています。その資産の一般的な使い方を勘案して2年から50年までを使用可能期間としています。ただし，企業によってはその資産の使用実態と機能に応じて独自に耐用年数を定めることができます。法人税法に定める期間に比べて，技術的な進歩が速く，短期間で経済的な陳腐化が進むとしてより合理的な耐用年数を適用することが可能なのです。また，企業

によっては機能面でなんらの遜色なく使用可能としてより長い期間を耐用年数とすることもできます。例えば、一般的な自動車の法定耐用年数は5年となっていますが、実際には自動車の機能はもっと長く使用可能と思われます。新車から5年経過している自動車の帳簿価額は減価償却計算の結果1円となりますが、通常の時価はもっと高いのではないかと思うのです。

　この減価償却とは別に、法人税法で産業政策として特定の資産に対して通常の減価償却額とは別に税法上の損金に算入できる償却を認めることがあります。これを特別償却といい、納税者としての企業にとっては有利な処理ですので、この処理をとる例は多いのですが、通常の減価償却とは分けて考えるべきです。もちろん税法上の特典ですので利用しないという選択はないでしょう。

　また、固定資産に災害等によって著しい損害を受けてその価値が下落することがあった場合には、その価値の減少額を評価損として処理します。当該資産よりも高機能・高効率の資産が登場したことで、その資産が陳腐化して価値が減少した場合も同じく評価損を計上します。この評価減は臨時償却として特別損失に計上されます。筆者が経験した資産の経済的な陳腐化の例ですが、木材のプレカット装置を思い出します。戸建ての木造住宅の多くでは、大工さんの工事現場での木材の加工をより効率化するために、事前に加工工場で刻んで、建設現場では付されている記号に従って組み立てるだけなのです。まるでプラモデルを組み立てるのに似ています。ただこのプレカット装置ですが、IT化によってその精度とスピードが日進月歩に改良され、新しい装置を導入しても数年で非効率な装置になってしまいます。このような場合に、経済的効率性の陳腐化による特別損失を認識することになります。

　この減価償却は固定資産の評価にとっても、また期間損益の計算にとっても大変重要で、いったん採用した減価償却計算方法は継続して適用

することが前提です。毎事業年度の利益の有無によって減価償却額を調整することは，利益調整であり，適正な期間損益計算を大いに歪めることになります。

3. 圧縮記帳について

　圧縮記帳とはあまり聞き慣れない用語ですが，税法上の手当をする際に用いられている会計処理です。企業が国から産業政策上の手当として固定資産の取得資金を補助金として受け取った際に，法人税法上は出資者からの払込ではないのでその補助金額が課税所得となってしまいます。仮に国から1億円の補助金を交付されて，2億円の固定資産を取得した場合，この1億円が課税所得となりますから数千万円の税金を納付しなければなりません。そうしますと，せっかくの国庫補助金を受け取ったのに，税金の支払いによる資金の流出で2億円の固定資産を購入できなくなるおそれが出てきます。そこで，税務上の処理として，交付された補助金と取得した固定資産の価額を相殺して，取得価額を1億円とするように補助金額と同額を圧縮損として処理をするのです。この圧縮損は法人税法で損金算入できるので，その事業年度での課税所得は発生しません。これを圧縮記帳といいます。

　しかし，この固定資産の帳簿価格は本来の2億円ではなく，1億円になっていますから，以後の減価償却計算では1億円分しかできません。本来であれば2億円分をしなければならないのに，1億円しかできないのですから，取得年度以降の各年で減価償却額が過少となります。結果として取得年度は課税所得を圧縮できますが，以後の年度では圧縮記帳額に相応する減価償却費が計上されず課税所得が結果として増加することになりますので，この圧縮記帳という処理は単に課税の繰り延べに過ぎないのです。

減価償却には代表的な機能として，減価償却をすることで期間損益を適正ならしめることと，資金支出のない費用の計上で企業内に資金をプールして，当該資産の減価償却後の再取得の財源を確保する自己金融機能があるといいます。この圧縮記帳処理をとりますと，減価償却額が少なくなりますから，その分の資金をプールできなくなり，資産の再取得が難しくなってしまいます。実例ですと，JR北海道の青函トンネルの取得価額が約1兆円といわれていますが，その同額が国庫補助金を財源にしており，圧縮記帳しています。将来青函トンネルの建設再取得を計画しても，その取得資金の確保は難しくなってしまいます。

4．無形固定資産の種類

　無形固定資産には次の5種類の資産が計上されます。

①法律上の権利
　　漁業権，借地権，鉱業権

②特定の施設の利用権など契約上の権利
　　ゴルフ会員権，温泉利用権

③営業権といった企業信用などにより超過収益力をもたらす権利
　　営業権（のれん）

④法律によって知的生産物などに与えられる独占的権利
　　特許権，実用新案権，意匠権，著作権，商標権

⑤ソフトウェア

　上記の内で難しいのは法律または契約上で権利が確保されているわけではない営業権（暖簾のことです）と自らが使用しているソフトウェアです。

　江戸時代から続いている越後屋呉服店，現在の老舗といわれている三越ですが，その店の名前を聞けば誰でもわかる知名度が高いということで長い歴史に裏打ちされた超過収益力が認められます。これが暖簾です。営業権に関しては多くの議論があり，資産性を認める根拠は超過収益力です。例えば同じ製品でも，OEMで専業会社が製造して有力ブランド名が付いている物と，その専業企業名が付いている物とは自ずと販売価格や販売量に違いが生じます。また同じマンションでも大手建設会社施工物件と名も知られない建設会社施工とは，当然安心感が違ってきます（最近これに反する事件が起こりましたが，もし中小規模の会社の販売物件でしたら，会社そのものが破綻したのではないかと思います）。このようなことはいろいろな面であります。これが超過収益力ですが，会計処理上営業権として資産計上できるのは有償で取得した場合だけで，自己創出した超過収益力は資産計上できません。ですから前述の三越や有力建設会社，大手不動産会社にその名声による超過収益力を示す営業権は計上されていません。何となくおかしな感じがしないわけではありませんが。

　コンピュータシステムを稼働させるソフトウェアにも資産性を認めているのですが，実は空気のように無形であるため，その資産価値を認める条件が「会計指針」では示されています。その条件とは，その利用によって将来の収益獲得または費用削減効果が確実である場合，または市場販売目的のマスター製作費というように限られています。一般的な実務としては，資産計上した後に償却していますが，貸借対照表に資産と

して計上するのですから慎重に臨むべきでしょう。

　上記の他に電話加入権があります。昭和20年代から30年代頃には電話を引くことが大変で，その取得のために相当の費用負担を強いられたので，その残像が残って資産計上という実務が定着したのです。しかし携帯電話等の普及に伴って電話の入手がきわめて簡単になり，権利としての経済的な価値は失われています。あわせて，NTTのホームページには電話加入権に関して，「弊社が電話加入権の財産的価値を保証しているものではありませんが，社会実態としては，電話加入権の取引市場が形成されています。また，質権の設定が認められ，法人税法上非減価償却資産とされる等の諸制度が設けられています。」と記載されており，権利の相手方が義務を認識していないので，財産的な価値はほぼ消滅していると考えられます。法人税法では電話加入権の償却を損金として認めてはいませんが，会計的には資産性がないと考えられます（もし，税務当局が電話加入権の償却の損金算入を認めますと，全国の法人と個人事業者の課税所得が減少してしまい，多額の税収欠陥が起こってしまいます。理論的な話ではないのでしょう）。

無形固定資産はその財産的な価値を明確に把握しなければならないね

10 繰延資産

1. 繰延資産とは何でしょうか

「(1) 創立費,開業費,開発費,新株交付費,社債発行費及び新株予約権発行費は,費用処理するか,繰延資産として資産計上する。」
(中小会計要領Ⅱ各論9．)

繰延資産は,すでに対価を支払いが完了し,これに対するサービスの提供を受けたにもかかわらず,その効果の発現が将来にわたって応じるものと期待される費用をいいます。その将来に対する期待効果を支出時に費用計上するのに代えて,資産として計上したのが繰延資産です。

2. 繰延資産の種類

繰延資産として計上されるものは,次の各項目です。
①創立費:会社設立時に要する費用で,その効果が会社成立後に発現すると考えるのです。
②開業費:会社成立後,開業準備に要する費用で,創立費と同様に会社の操業が始まることで効果が発現するのです。
③開発費:資源の開発,市場の開拓,新技術または新経営組織の採用に要する費用で,その行為の効果が将来に発現するためです。
④株式交付費:新株の発行,自己株式の処分のための費用で,出資に係る費用なので会社組織全般に対する効果発現を期待したものです。
⑤社債発行費:社債の発行のために支出した費用で,その社債発行で調達した資金の運用で効果が発現すると考えるのです。
⑥新株予約権発行費:新株予約権の発行のために要した費用で,出資

を勧誘するための費用なので，その効果が将来に及ぶと考えるのです。

　この他に，法人税法の規定で繰延処理を求めている勘定科目があります。税法上の繰延資産といっていますが，もし資産に計上するのであれば，会計上の勘定科目は長期前払費用として貸借対照表に計上します。

　　ⅰ）自己が便益を受ける公共的施設または共同的施設の設置または改良のために支出する費用………公道施設のため，商店会の会館建設のための支出
　　ⅱ）資産を賃借または使用するために支出する権利金，立退料その他の費用………建物を賃借するために支払う権利金
　　ⅲ）役務の提供を受けるために支出する権利金その他の費用………ノウハウを受けるための権利金等
　　ⅳ）製品等の広告宣伝の用に供する資産を贈与したことにより生じる費用………広告用の車両の提供
　　ⅴ）自己が便益を受けるために支出する費用………同業者団体等の加入金

3．繰延資産の償却

「(2) 繰延資産は，その効果が及ぶ期間にわたって償却する。」（中小会計要領Ⅱ各論9．）

　前節の会計上の繰延資産は，一時の費用とするか資産計上するかは企業の選択に任されていますが，資産として計上するのであればその償却期間を以下のように定めています。

　　①創立費，開業費，開発費………………5年以内
　　②株式交付費，新株予約権発行費………3年以内
　　③社債発行費………………………………社債償還までの期間

いずれも効果発現期間というよりは，早期償却を求めています。

　また，法人税法上の繰延資産は，その取得する資産または支出理由等によって3年から最長45年となっています。これは税務上の損金参入期間を定めているのであり，会計上の処理として支出時の一時費用とすることも考えられます。この場合の税務上の処理は費用処理した額を課税所得に加算することになり，会計上の処理と税務上の処理が異なる場合はあり得ます。

リース資産

1. リース取引とは

　リース取引がクローズアップされてきたのは20年ほど前で，リース専業会社が急成長してきて，リース取引が多くの会社で行われるようになってきてからです。すでにアメリカを始め，リース取引に関する会計処理が議論になっており，日本においても検討すべき土壌が醸成されてきたのです。実は筆者が駆け出しの会計士だった三十数年前，外資系の会社の記帳代行をした際に，リース契約上で将来支払わなければならないリース料額はいくらあるかとの問い合わせを受けたことがありました。その当時から米国の会計ではリース取引を意識していたのですね。

　リース取引とは，「特定の物件の所有者たる貸手（レッサー）が，当該物件の借手（レッシー）に対し，合意された期間（以下，リース期間という）にわたりこれを使用収益する権利を与え，借手は，合意された使用料（以下，リース料という）を貸手に支払う取引をいう。」（リース取引に関する会計基準）と定義されています。そしてリース取引はその契約内容によって次の2つに分けることができます。

①ファイナンス・リース取引

　リース契約に基づくリース期間の中途において当該契約を解除することができないリース取引またはこれに準ずるリース取引で，借手が，当該契約に基づき使用する物件（以下，リース物件という）からもたらされる経済的利益を実質的に享受することができ，かつ，当該リース物件の使用に伴って生じるコストを実質的に負担することとなるリース契約をいいます。

②オペレーティング・リース取引

ファイナンス・リース取引以外のリース取引をいいます。

このオペレーティング・リース取引の定義が何ともいいようがありませんが，ファイナンス・リース取引の内容を理解しておくべきでしょう。

2. リース取引の会計処理は

「リース取引に係る借手は，賃貸借取引又は売買取引に係る方法に準じて会計処理を行う。」（中小会計要領Ⅱ各論10.）

リース取引の会計処理には2つの方法があり，賃貸借取引として処理する方法とリース物件の売買とする取引として処理する方法です。

①売買取引とする場合とは

上記のリース取引の定義の①ファイナンス・リース取引とみなすリース契約に適用する会計処理になります。このファイナンス・リース取引とは，リース契約とはいってもその経済的な実態が，リース会社から購入資金の融資を受けてリース物件を取得するのと変わりないと考えるのです。リース会社は物件を貸しているのではなく，購入資金を融資しているという経営実態から，業種としても金融業の区分に入ります。そしてリース物件を使用することによって得られるすべての便益をリース契約の借手が受けているため，当該リース物件に係る取得費と維持管理費，そして購入資金の借入利息すべてを借手が負担しているのです。この事実からすれば，リースという契約ですがその実態は売買取引なのです。ですから，このリース契約を売買契約に読み替えて会計処理をするのです。支払リース料総額から利息相当額とリース物件の維持管理費相当額を除いた額を当該物件の取得価額として固定資産に計上して，自己所有の固定資産と同様に耐用年数の期間にわたって減価償却計算をするので

す。リース契約締結と同時に物件が運び込まれますが，当然リース料はリース期間中払い続けます。その未払リース料が物件の購入代金の長期未払金になります。

このように売買取引として処理する方法は，購入代金をリース会社から借りて，リース期間という借入期間の間に元利均等払いで返済することと同じになるのです。経済実態そのものを反映していると考えられます。

②**賃貸借取引とする場合とは**

これは，単純に物件の貸し借りと捉えて会計処理をする方法で，リース料を賃借料として費用計上するだけです。一般的によく利用するレンタカーが該当し，使用が終わればレンタカー会社に車を返して契約が終了し，賃借代金であるレンタル料金を払って終りです。

しかし，一般的なリース契約の場合，リース期間中の途中解約はできないか，またはもし解約をしても残存リース契約期間のリース料を負担する契約条項が記載されており，実質的には当初の契約上の全リース期間分のリース料を負担することになります。ですから実は微妙なのですが。

3. リース契約に係る注記が求められています

リース取引については，後述する重要な会計方針で採用する会計処理について注記することになっています。そこに，賃貸借取引として会計処理したリース契約がある場合には，期末日以降に負担することになる未経過期間に係るリース料総額を注記することになります。この注記の意義は，リース契約によってリース物件を使おうと使うまいと，将来の支払債務が確定しているため，その注意喚起として注記をするのです。

4. リース取引の会計処理の必要性は

　中小企業では，機械設備の新規購入にあたり，リース会社を利用する機会は多いかと思います。以前調べた製造業の貸借対照表に，製造機械・装置がきわめて僅少な額しか計上されていませんでした。そうしますと，機械装置は相当に老朽化していると判断したのですが，実際の工場には新しい機械が据え付けられていました。そこで気が付いたのです。その機械の多くがリース契約によって取得されていることを。でも，このような財務諸表をみただけだと，その企業の実態がわからなくなってしまいます。リース取引を賃貸借取引として処理していますから，未経過リース期間の支払リース料も将来の資金負担として明らかなのですが，負債に計上されていませんので，経営分析をする場合に洩れてしまいます。

　売買取引として会計処理をするのは一見違和感をもつでしょうが，経済実態に着目すると，自己所有の固定資産とまったく変わりがありませんので，本来であれば売買取引によるべきでしょう。前述のように，リース会社は物品賃貸業ではなく，金融業なのです。賃借側がそのリース物件に係る費用をすべて負担する仕組みですから，リース会社から資金を借りて物品を調達してその代金をリース料という名目で分割返済しているのが実態です。賃貸借取引として処理し，リース期間終了時に法的な所有権が移転して初めて貸借対照表に中古機械装置等が計上される方が奇異な感じがします。

　リース会社から契約内容の詳細なデータを入手できますので，それをみますとリース物件の取得価額と支払利息額，その他諸経費がわかります。リース契約について好奇心をもってみられたらいかがでしょう。

12 引当金

1. 引当金の計上根拠を整理しましょう

「(1) 以下に該当するものを引当金として，当期の負担に属する金額を当期の費用又は損失として計上し，当該引当金の残高を貸借対照表の負債の部又は資産の部に記載する。
- 将来の特定の費用又は損失であること
- 発生が当期以前の事象に起因すること
- 発生の可能性が高いこと
- 金額を合理的に見積ることができること」（中小会計要領Ⅱ各論11.）

引当金は期末日において債務が確定している訳ではないので確定債務ではありませんが，上記の4条件を満たす場合には，保守主義の原則に立って財政状態を適正に示すために，引当金を計上しなければなりません。

引当金に対する最近の税法規定は，順次損金算入額が狭まってきており，有税で引き当てる必要が生じてきています。会計上の必要性は，税務上の制約を排除する上位概念ですから，税務上の有税無税にかかわらず会計上の認識を優先させるべきなのです。

引当金に関する会計実務では，次のような引当金が計上されています。
①退職給付引当金
②賞与引当金
③貸倒引当金
④工事補償等引当金
⑤返品調整引当金

⑥修繕引当金
⑦製品保証等引当金

その他にも必要に応じて名称を付した引当金が実務上計上されています。

2. 賞与引当金

「賞与引当金については，翌期に従業員に対して支給する賞与の見積額のうち，当期の負担に属する部分の金額を計上する。」（中小会計要領Ⅱ各論11.）

一般的な実務で考えてみますと，通常の賞与支給対象期間は，6月ないしは7月に支給する夏の賞与が前年の12月から当年の5月までの6ヵ月間を，12月に支給する冬の賞与が6月から11月の6ヵ月間です。この6ヵ月間の勤務状況と人事考課によって個人別の賞与支給額が決まります。3月決算の会社を想定し，上記の支給対象期間を前提としますと，3月の決算期末では夏の賞与支給対象期間がすでに4ヵ月経過しています。そうしますと，翌期の夏の賞与支給分の3分の2は当期の費用となるべきなのです。これが賞与引当金の計上根拠になります。

3. 退職給付引当金

「(3) 退職給付引当金については，退職金規定や退職金等の支払いに関する合意があり，退職一時金制度を採用している場合において，当期末における退職給付に係る自己都合要支給額を基に計上する。

(4) 中小企業退職金共済，特定退職金共済，確定拠出年金等，将来の退職給付について拠出以後に追加的な負担が生じない制度を採用している場合においては，毎期の掛金を費用処理する。」（中小会計要領

Ⅱ各論11.）

　退職金に関しては，中小会計要領で詳しく規定しています。実はこの退職金ですが，労働基準法で会社に対して支給を強制しているわけではないのです。しかし，実務上社員を雇用する条件として退職金制度を雇用契約または就業規則等で定めている例が多く，退職金の支給そのものは日本の企業社会に定着しているものと考えられます。そこで，支給時に退職金全額を費用計上するのではなく，その支給原因となる勤続という事実の発生に基づいて，引当金の計上要件が揃うのです。

　この引当金ですが，従来の実務では退職給与引当金といわれていましたが，会計基準の改正に伴って退職給付引当金となりました。

　退職給与引当金に関する会計処理は，その年度末に従業員全員が自己都合で退職した際に支払わなければならない退職金，つまり期末要支給額を引当計上する方法が一般的な実務として定着していました。

　一方退職給付引当金の引当根拠は，退職により見込まれる退職金の総額（退職給付見込額）のうち，期末までに発生していると認められる金額を割り引いて計算をするのです。この支給が見込まれる退職金は，従業員の平均勤続年数によるのであり，自己都合に限るのではなく，定年退職時の割増退職金も考慮に入れて計算します。その将来の支給見積額を現在価値に割り引いて，人間の死亡率も計算要素に入れ，引当資産の期待運用利回りも考慮に入れますので，とても手計算ではできないレベルになります。この退職給付債務の計算は，生命保険会社や信託銀行等の専門機関に計算を依頼するのが多くの例です。というわけで，実は相当に厄介な計算を要することになるのです。

　そこで，会計基準（「退職給付会計に関する実務指針」）でも，原則として従業員数300人未満の企業には上記の方法に代えて簡便な方法を認めており，期末要支給額によることも許容されています。ただ，実際に支給されている退職金と引当計上されている金額に乖離があれば，期末要

支給額に係数を掛けて，引当額を補正する必要があるのです。

　一般的に企業が支払う退職金は，定年退職などの理由で支給する金額が自己都合による支給額よりも多くなります。多くの中小企業で採用している自己都合による期末要支給額を退職給付引当金としていると，実際の退職金財源としては過少になるのが通例です。ましてや，期末要支給額の30～50％計上ではまったく足らず，将来に向かって大きな負担を繰り越すことになります。

　また，中小企業退職金共済等で，従業員の退職金を手当てしているのでしたら，その掛金を費用処理する方法を指示しています。

4. 製品保証等引当金

　家庭電化製品を購入しますと，購入後一定期間無償で修理に応じる旨の保証書が添付されています。製品それぞれについて期間や補償の範囲が異なりますが，過去の保証に要した費用と一定期間の当該製品の売上高を基準に引当金を計上するのです。これは他の製品でも同じような保証内容を記載した保証書をよくみます。自動車ですと，新車から3年または走行距離6万キロまでを保証する等の例があります。

　また，工事補償等引当金は，建設会社が建築した建物等を一定期間補償することによる将来の支出に備えるものです。建てて間もなく不等沈下して，床がゆがんでしまった，扉が閉まらなくなってしまった等の瑕疵を補償するのです。報道等で問題になったマンションですが，建てて10年が経過していますと引当金の計算対象にはしていないのではないかと思いますが，これからの会計実務での対応を考えさせられる出来事ですね。

13 外貨建取引

1. 外貨建取引とは

　外貨建取引とは，決済が邦貨（円貨）以外の外国通貨で行われる取引をいいます。大昔になりますが，終戦後暫くの間1ドル360円の固定相場制が続きました。なぜ360円に決まったのか，嘘のような本当の話だそうですが，幾何学上の円が360度だからだということで，この固定相場制で戦後経済の復興ができたという解説を聞きました。その後に米国の金兌換の停止によって，ニクソン・ショックが起こり外国為替が変動相場制に移行しました。当時は1ドルが308円となり円高といわれましたが，その後のプラザ合意等を経て，順次切り上げていって一時は80円を切るまで円高となったのには隔世の感がしています。

　日本の企業も貿易を通じて外貨建ての取引が多くなり，昭和54年に「外貨建取引等会計処理基準」が制定され，その後に数度の改訂が行われています。外貨建取引の多くは米国ドル建てですが，その他にもユーロ建てやポンド建てもありますし，これからは元建の取引も出てくるでしょう。

2. 為替レートとは

　為替レートには，TTS（Telegraphic Transfer Selling）とTTB（Telegraphic Transfer Buying）があります。TTSは金融機関が外貨を売るレートで，TTBは外貨を買うレートです。理論的に考えてみると，外貨建ての債権を円貨に換算するためには，外貨を金融機関に買ってもらうのですからTTBで，外貨建ての債務を換算するためには，金融機関か

ら外貨を購入するのですからTTSを用いるべきでしょう。ただ，日々変動する為替レートを追いかけてTTSとTTBを使い分けて換算するのが煩雑だとして，TTM（Telegraphic Transfer Middle）を債権・債務にも用いることが考えられています。このTTSとTTBの間には金融機関の手数料部分があって金額に間隔があいています。米国ドルですと通常は2円，英国ポンドですと8円の開きがあり，このTTMはTTSとTTBの中値になります。

各国の為替レートをみてみますと，基軸通貨であるドルを中心に他の外貨のレートが決まっていることがわかります。外貨建取引は為替リスクに曝されていますから，為替予約や外貨オプションによってリスクの低減が図られていますが，ややもすると見込み違いで大きな損失を招くことにもなりかねず，慎重な対応が求められます。その機能をよく知らないのに，金融機関の担当者に進められて外国為替の先物予約やもしものときに権利行使するオプション取引などを契約したことで，想定外の損失を蒙ったという例もあります。十分にその契約内容や仕組みを理解した上で，新たな取引であるデリヴァティブ取引をすることでしょう。うまい話には落とし穴があるものです。

3. 外貨建取引等会計処理基準

「外貨建取引等会計処理基準」では，取引類型を3つに分けて規定しています。
　①内国法人が国内で行う外貨建取引の会計処理
　②内国法人の在外支店の外貨建取引の会計処理
　③内国法人の在外子会社等の外貨建取引の会計処理
ここでは①の会計処理に関して説明します。
　「(1) 外貨建取引（外国通貨建で受け払いされる取引）は，当該取引発

生時の為替相場による円換算額で計上する。

(2) 外貨建金銭債権債務ついては，取得時の為替相場又は決算時の為替相場による円換算額で計上する。」（中小会計要領Ⅱ各論12.）

期中に行われる外貨建取引はその都度取引発生時の為替レートで邦貨に換算して記録します。取引によって発生した債権債務の決済時には，取引時のレートとの差異によって為替決済差額が発生します。

これを具体的な設例でみてみましょう。

【取引例】

20,000ドルの売上を計上，当時の為替レートは@118円

10,000ドルを受領し，円貨に交換，交換時の為替レートは@120円とします。

売上計上時の仕訳は，以下のようになります。

（借方）売掛金　　　2,360,000　　（貸方）売上高　　　　2,360,000

そして決済時の仕訳は，

（借方）現金預金　　1,200,000　　（貸方）売掛金　　　　1,180,000
　　　　　　　　　　　　　　　　　　　　為替決済差益　　　20,000

そして，期末時の為替レートが@116円となったとします。

期末の会計処理は，以下のようになります。

（借方）為替決算差損　20,000　　（貸方）売掛金　　　　　20,000

つまり期末の外貨建て債権の残高は10,000ドルで決算時の為替レートは@116円ですので，邦貨での売掛債権額は1,160,000円になるのです。

このように，外貨建取引等会計処理基準では，当初の取引とその結果

生じた債権債務の決済とは別の取引と考える二取引基準をとっているのです。

　このような為替変動による影響を回避するために，為替予約を付すことがありますが，この場合にはその予約レートを用いて為替換算することになります。

おい，財務部長！
外国為替が大きく動いているぞ！

為替予約をした方が
いいのかな？

14 純資産

1. 純資産とは

「(1) 純資産とは，資産の部の合計額から負債の部の合計額を控除した額をいう。」（中小会計要領Ⅱ各論13.）

　純資産の部は，以前には資本の部といわれていました。上記の資産合計から負債合計を差し引いた残額という表現は貸借対照表の借方・貸方それぞれの合計額が一致することから説明している，至極当然の話です。

　日本の企業の財務体質が弱いといわれたのが，貸借対照表の総資産に対する純資産の割合が低い点です。確かに第2次大戦によって企業の財務基盤は崩壊し，経済復興資金を融資する金融機関からの借入による資金調達によって財務基盤の復活を果たしたのですから，自己資本比率が低いという現実は止むを得ないものと思えます。その後の資金調達でも，借入金に対する支払利息が費用に計上できるのに対し，出資つまり株主に対する配当金は費用ではなく課税後の利益から分配しなければならない制度構造が足枷になって，借入金による資金調達に偏重したのです。これが財務レバレッジといわれる現象です。この低い自己資本比率が日本企業の弱点として狙われた典型的な例が，金融機関に対して一定以上の比率の維持を求めてきたことです。かつてバブル経済全盛期に，ウォール・ストリート（米）やシティー（英）を闊歩していた日本の金融機関のアキレス腱がこの自己資本比率だったのです。日本の銀行は自己資本が少額で，一方で融資を増やしていったため，自己資本比率がさらに低下してしまったのです。日本の金融機関の動きを止めるためにはこのアキレス腱を攻撃すればいいとばかりに，BIS基準（国際決済銀行が定める国際業務を行うための自己資本比率に係る基準）を8％としたのです。

その結果日本の銀行は融資を減らさざるを得なくなりました。それがバブル崩壊の１つの契機になりました。ある意味ではジャパン・バッシング（日本叩き）です。この純資産は企業の財政的な基盤を表しています。

2. 純資産の内容

「(2) 純資産のうち株主資本は，資本金，資本剰余金，利益剰余金等から構成される。」（中小会計要領Ⅱ各論13.）

　純資産の部は，大きく分けて株主資本と株主資本以外に区分します。株主資本は，資本金，資本剰余金，利益剰余金，自己株式に区分します。株主資本以外の項目は，評価・換算差額等と新株予約権に区分します。

3. 株主資本

①資本金

　資本金は株主から払い込まれた企業の元手で，会社法第445条に基づいて資本金として計上した金額です。

②資本剰余金

　資本剰余金は資本取引から生じた剰余金であり，資本準備金とその他資本剰余金に区分します。何ともわかりにくい名称で，区別がつかないのですが，会計上の資本取引と会社法上の資本取引の違いから生じた勘定科目です。

　ⅰ）資本準備金

　会社の設立ないしは増資の払込の際に払い込まれた金額のうち２分の１を超えない額を資本準備金とすることができるのです。また，剰余金の配当をする場合には，法務省令で定めるところにより，当該剰余金の

配当により減少する剰余金の額の10分の1を乗じて得た額を資本準備金または利益準備金として計上しなければならないとされています。その他に，合併，吸収分割，新設分割，株式交換または株式移転に際して資本または準備金に計上する金額があります。

　一般的には株式引き受けの際に払い込まれた額の2分の1以下の額を資本準備金とする例がほとんどでしょう。

　ⅱ）その他資本剰余金

　この資本剰余金という概念は会計理論上の資本取引より生じた剰余金を指しています。内容としては，資本金および資本準備金の取崩により生じる剰余金，自己株式の処分差益が該当します。

③利益剰余金

　利益剰余金は利益を源泉とする剰余金で次の2つに区分される。

　ⅰ）利益準備金

　剰余金の配当をする場合には，法務省令で定めるところにより，当該剰余金の配当により減少する剰余金の額の10分の1を乗じて得た額を資本準備金または利益準備金として，資本金の額の4分の1に達するまで計上しなければならないとされています。

　ⅱ）その他利益剰余金

　株主総会または取締役会の決議に基づいて利益処分として積み立てられた任意積立金と繰越利益剰余金によって構成されています。

4. 株主資本以外の純資産

　株主資本以外の純資産としては，その他有価証券評価差額金，評価・換算差額等が計上されます。ともに中小会計要領では扱わない会計処理によって計上される科目です。

15 注記

1. 注記の目的

　計算書類等に対する注記は，貸借対照表や損益計算書に一表として表示されている各勘定科目の計上額に対する個別の説明，適用された会計処理，欄外で説明しなければならない事項を記載することで，内容の理解度を向上させる機能をもつものです。

　日本の財務諸表・計算書類では，その計上する勘定科目の種類とその配列順番までが決められており，画一的な開示となっています。これに対して諸外国の財務諸表は，表示こそ簡素化されていてシンプルなのですが，その内容を詳細に説明する注記が充実しており，相当量の記載がされています。外資系企業の英文の財務諸表をみますと，この注記事項が延々と続きますのでびっくりします。

　中小会計要領の解説では，「経営者が，企業の経営成績や財政状態を把握するとともに，企業の外部の利害関係者に経営成績や財政状態を伝える目的で作成しますが，貸借対照表や損益計算書の情報を補足するために，一定の注記を記載する必要があります。」（中小会計要領Ⅱ各論14.【解説】）として，注記の意義を説明しています。

2. 注記の内容

　「(1) 会社計算規則に基づき，重要な会計方針に係る事項，株主資本等変動計算書に関する事項等を注記する。
　(2) 本要領によって計算書類等を作成した場合には，その旨を注記する。」（中小会計要領Ⅱ各論14.）

会社計算規則に定める注記事項で，会計監査人設置会社以外の株式会社に対するものは次の各項目です（会社計算規則第98条）。
①重要な会計方針に係る事項に関する注記
②会計方針の変更に関する注記
③表示方法の変更に関する注記
④誤謬の訂正に関する注記
⑤株主資本等変動計算書に関する注記
⑥その他の注記

　また，重要な会計方針は次の各項目です。（同第101条）
ⅰ）資産の評価基準及び評価方法
ⅱ）固定資産の減価償却の方法
ⅲ）引当金の計上基準
ⅳ）収益及び費用の計上基準
ⅴ）その他計算書類の作成のための基本となる重要な事項

　企業会計基準適用会社には，その他に多くのかつ複雑な注記事項の記載が求められていますが，会社計算規則では，会計監査人を設置していない非公開会社に対しては上記の事項の注記を求めており，中小会計要領でも同規則を準用しています。

3. 重要な会計方針を注記する意義

　根拠法令がどのような規定であっても，また企業規模の大小がどうであっても，企業が作成する計算書類にはこの重要な会計方針の注記をすることになります。会計処理には，1つの会計事実・取引に対して複数の選択可能な方法がある場合があり，いずれの方法を選択したのかを明示する必要があるのです。この重要な会計方針は，その複数の選択可能な会計処理のうちからどの方法を選択して計算書類を作成しているのか

を主張しているのです。

　前項の重要な会計方針の各項目の会計処理には，それぞれ複数の方法が選択可能なことがわかります。そこでいずれの方法を選択して計算書類を作成しているのかを，注記という形で開示しているのです。

　この重要な会計方針が記載されていない決算書には，表示上重大な欠陥があるとの印象をまずもちます。「この決算書を作った人は基本的なルールそのものを知らないな！」となると，計上されている数値に対する懐疑心が強くなってしまいます。

4. その他の注記事項

　④で説明した受取手形の割引高や裏書譲渡高もこの注記の対象となりますし，⑪の未経過リース料についても注記することになります。

　その他，計算書類の有用性を確保するため，よりわかり易くするために注記が活用されます。

16 税効果会計とは何のことでしょう

1. 税効果会計の意義

　税効果という言葉を聞きますと,「税金が何かの効果をもたらすのか？」と思ってしまいます。筆者も税効果という会計処理用語を耳にしたときに違和感をもちました。この税効果という語句は英語の直訳なのです。Tax Effect Accounting（英国），Accounting for Income Taxes（米国）を日本語で税効果会計といっているのです。

　30数年前に外資系の会社の記帳代行をした際に，法人税法上の手続で損金不算入のままになってしまう事項と，事後に損金算入が認容される事項を抜き出して一表に記入せよとのインストラクションが来ました。あまり深く考えずに回答書を作成しましたが，その表にTime Difference と Permanent Differenceという項目があり，将来一定の要件の下で損金に算入される事項を前者に，将来にわたって損金に算入されず税金をとられっぱなしになる事項を後者に記入しました。これが税効果の思考だったのです。後になってわかりました。

　日本の税法は，一般に公正妥当と認められる企業会計による会計処理を前提にした確定決算主義による申告納付制度をとっているのですが，特に近年になって会計上の費用であるにもかかわらず，税務上は損金不算入となる事項が増えてきており，実質増税となっています。この損金不算入となっている事項のうち，将来に損金認容となる事項があれば，その分だけ将来の納税額が少なくなる可能性があります。その計算をするのが税効果会計ということになります。

2. 税効果会計の処理

　税効果会計では，税務上損金不算入となった一時差異，そして繰越控除可能な欠損金で，将来の課税所得から控除することで回収可能な金額を算定して，貸借対照表の資産に繰延税金資産として計上します。損益計算書では当期の納税額のうち将来取り戻せる額を法人税等調整額として利益に加算するのです。その分の納税額は，将来の納税額から差し引かれる，いわば前払税金と考えて繰延税金資産に計上するのです。

　実はこれからが問題なのですが，この繰延税金資産なる資産が本当に前払税金として資産性があるのかです。この資産性を説明できるのは将来の利益・課税所得で，その見積りに負っています。将来の事業年度で利益が出て，課税所得もあれば，納税すべき額も発生しますので，その納税額から前払税金を差し引くことができるのです。しかし，見積りに基づいて資産性を説明することには不安が残ります。世の中を騒然とさせるような経済的なショックが起こりますと，利益予測は一気に下がってしまい，将来の課税所得が大幅に減少してしまい，繰延税金資産は納税額から控除できない不良資産となってしまいます。

　税効果会計を適用するためには，毎年度に将来数期間の利益予想を立てて，その利益額から計算できる課税所得額を見積もって，その範囲内に収まる一時差異額に税率を乗じて繰延税金額を算出するのです。通常の場合には，将来の利益予想には相当のストレスを掛けて，多少の利益減少も許容範囲に収まることができるように見積りを立てています。

3. 税効果会計の落とし穴

　前述の繰延税金資産の資産性の問題ですが，将来の利益予測に基づいて前払税金の控除可能性を説明するのです。これがきわめて難しいので

す。誰でも将来のこと，しかも5年から7年先までの業績予測は困難でしょう。自社製品に重大な問題（某ドイツ車の排気ガス問題のように）が発覚し，一気に業績が悪化しますと，この繰延税金資産の回収可能性・資産性は消滅してしまい，赤字を追い打ちします。日本のバブル崩壊後の金融機関では，多額の貸倒引当金への繰入が求められました。しかしこの引当金計上のほとんどが税務上損金不算入となるのですが，税効果を適用すると，将来取り戻すことができると考えた税金資産の計上で，最終利益額を大きく毀損することは回避できました。しかし，この損金不算入額が将来の納税額減少効果をもつためには，その将来時点で十分な課税所得があることが前提なのです。

　当時地方自治体の所轄だった信用組合が，長引く不況下で経営困難になっていました。その信用組合の決算書には多額の繰延税金資産が計上されていましたが，そもそも信用組合という組織は多額に利益を稼ぐ趣旨で設立されている訳ではなく，しかも将来の利益は厳しい状態が続くと予測されていましたので，多額に計上している繰延税金資産は，ほぼ回収不能ということになります。その結果債務超過になる組合が相次ぎ，多くが破綻処理となってしまいました。

　同様のことが大手の金融機関でも起こっており，足利銀行の一時国有化もこの繰延税金資産の回収可能性の問題でしたし，UFJ銀行の行き詰まりも同様のことを原因にしています。

　この税効果会計は日本の金融機関をはじめ多くの企業の屋台骨を揺り動かしました。そのためか，多くの企業では，繰延税金資産の計上にはきわめて慎重になっています。中小指針ではこの税効果会計を取り込んでいますが，中小会計要領では税効果会計を導入していません。計上する繰延税金資産の回収可能性の判断は難しく，利益水準が下振れしますと，追い打ちをかけるように税金資産も取り崩さなければなりませんので，税効果会計には距離を置くのが正解でしょう。

かつての小泉政権の某大臣が，日本の税制での損金不算入額の多いことに気が付いてびっくりしたそうです。バブル崩壊後の対応を主導した経済閣僚が，日本の税制に音痴だったことは残念な事実でした。税務上の損金不算入項目が多く，多額に上るということは，この税効果会計上繰延税金資産が多額に計上されることになり，企業の財務を弱めることになります。業績予測の悪化によって，その回収可能性が消滅しますと，自己資本は一気に減少してしまいます。

　筆者が会計監査に従事していた当時，繰延税金資産の回収可能性の判断には相当の注意を払いました。この資産の回収可能性いかんによって，大きく当期純利益に影響しますし，利益処分等の重要な経営意思決定にも重大な影響が及びます。

> 将来の損益予測で，
> バラ色ならば繰延税金資産を
> 計上できるため，
> 財政状態は良くなるが，
> ブルーであれば
> 繰延税金資産は計上できません

17 減損会計

1. 減損会計とは

　減損会計という言葉は，最近の経済記事で目にするようになりましたが，一体何なのかがよくわからないのではないでしょうか。これも新たに導入された会計処理の考え方で，場合によっては企業の損益に大きな影響を及ぼします。

　この減損会計も外来の会計実務の考え方から導入されたもので，英語のimpairment accountingの直訳です。この考え方は，資産の価値の減少をその資産の収益性に着目して認識する会計処理で，通常は固定資産に適用されることが多いのです。固定資産の価値の減少は，時間の経過やその使用頻度によって算定する減価償却計算，そして災害等による損害または機能の陳腐化による損失によって認識していたのですが，この減損会計ではその資産の収益力に着目して評価をするのです。このような価値の減少は他の資産でも同様に思考することも可能でしょうが，金銭資産，債権，有価証券，棚卸資産等には評価損や引当金の計上等の独自に評価する手法があるため，専ら固定資産に適用されます。減価償却が適用される固定資産の価値の減少は減価償却計算を通じて認識されますが，非償却資産である土地等に対しては低価法等の評価基準の適用がなく，取得価額で計上されてきました。これらの固定資産の価値の減少を認識する手法として減損会計が導入されたのです。

2. 減損処理に関する会計基準について

　この減損会計に関して中小会計要領では触れてはいません。減損会計

を規定している会計基準として,「固定資産の減損に係る会計基準」があります。この会計基準では一定の手順に従って段階を経て価値の減少を認識することになり,相当の手数を要して損失額を算定するのです。

中小企業向けの手順を示しているのは「中小指針36.」で,この固定資産の減損処理について簡便的な考え方を次のように示しています。

「固定資産について予測することができない減損が生じたとき又は減損損失を認識すべきときは,その時の取得原価から相当の減額をしなければならない。

　減損損失の認識及びその額の算定に当たっては,減損会計基準の適用による技術的困難性等を勘案し,本指針では,資産の使用状況に大幅な変更があった場合に,減損の可能性について検討することとする。」
（会計指針36.）
として,

「具体的には,固定資産としての機能を有していても次の①②のいずれかに該当し,かつ,時価が著しく下落している場合には減損損失を認識する。

①将来使用の見込みが客観的にないこと

　資産が相当期間遊休状態にあれば,通常,将来使用の見込みがないことと判断される。

②固定資産の用途を転用したが採算が見込めないこと」（会計指針36.）

上記の減損処理に関する考え方は,企業会計に比べて簡易に適用できるようにしています。従来の企業会計での処理では固定資産に関する損失は災害損失等しかありませんでした。しかし,操業度も低く低採算で,その生産をしている工場の土地を含む資産の時価も下落しているのであれば,その損失を認識しようとする処理なのです。

3. 減損処理の具体的な対応例

　固定資産としているのですから，有形，無形にかかわらず適用されることを前提としています。

　有形固定資産ですと，わかり易いのは工場設備でしょう。かつては世界有数のメーカーだった会社が，韓国や中国の会社に追い上げられて，価格競争に伍して行けずに赤字決算を続けている状態などは典型的な実例です。何となく製造している製品がわかるかも知れません。筆者の自宅でも毎日みている○○モデルとプリントしてある家庭電気製品ですが。このような製品を生産している工場は利益を生まないのですから，その価値はないと考え，敷地を含む工場全体の資産価額が著しく下落していると判断することになるのです。莫大な設備投資をして大々的に高性能の製品を大量生産する方針だったのでしょうが，その投資の結果が赤字生産ということでしたら，その製造設備が利益を生まないのですから経済的な価値はないと判断するのです。つまり卵を産まない鳥には価値がないということなのです。決して災害によって被害を受けている訳でも，設備が陳腐化した訳でもないのですが，上記のような事実が発生した場合には減損損失を計上しなければならないのです。

　無形固定資産ですと，営業権（暖簾のこと）の評価が問題となります。営業権は有償取得した場合に資産に計上されますが，現在の企業会計では償却するのではなく，営業権そのものの評価によって減損処理の要否を判断するのです。営業権とは超過収益力に着眼してその価値を認めるものですから，その超過収益力が無くなった時点で営業権の価値の喪失を認識して減損損失を計上するのです。有償取得して活用してきたはずの営業権が，その再評価をした結果超過収益力が認められないとして，その事業年度の損失として計上しなければならないのは，経営にとって実務上は辛い話です。某社の社長が，「M&Aをしたくても，腰が引け

てしまいますよ。」といっていたことがわかります。M&Aで他社を買収する多くの場合，純資産額よりも高く買うわけですから営業権が生じます。それを以後の毎決算で償却していくのでしたら，期間損益に与える影響は少ないのですが，償却しないまま保有し，ある日突然超過収益力が消滅したとして損失が計上されるとなると，その決算期は辛くなるというのです。もっともな話だと思いました。

　この減損会計の問題点は，この減損損失の適用条件が将来の収益見込みを予測して，その結果によって判断するというのですから，将来の未確定な予測による点で大きな懸案を含んでいるのです。まったく予測していなかった急激な経済環境の変化，競合他社の新製品の開発・発売等の惹起（じゃっき）によって，突然の損失計上にならざるを得ない場面もあり得ます。

　中小会計要領ではこの減損会計を採用していませんが，むしろ的確な選択ではないかと思うのです。

第6章

製造原価計算のすすめ

　販売する品物のほとんどが仕入れた商品である流通業等ですと，加工・製造するプロセスがありませんので，製造原価を算出する必要はないでしょうが，製品を製造しているとなると，その製造原価がいくらなのかを把握しないと，その企業の存続に大きく影響します。
　一般的に中小企業の製造業では，この製造原価の計算が行われていないかまたはきわめて大雑把な計算となっている例が多いのです。
　この原価計算の入り口を平易に解説してみることにします。

1 原価計算に関する基準，目的とその本質とは？

1. 原価計算に関する基準はあるのですか？

　原価計算に関する会計基準は，相当昔になるのですが規定されています。昭和37年に企業会計審議会によって「原価計算基準」が定められました。他の会計に関する会計基準は逐次改訂や新設されており，特に最近の経済のグローバル化に急かされて国際会計基準（IFRS）の策定が進んでおり，これにあわせるように日本国内の会計基準も新設を含めて規定されています。これに対して原価計算の分野では，昭和37年に規定された基準が今もって生きています。本書の読者の中には昭和37年以降に生まれた方も多いのではないかと思いますが，この基準が現在にも十分に対応可能な内容であることがよくわかるのです。

　この章では，適宜「原価計算基準」（以下，基準という）の本文から引用しながら，平易に解説することにします。

　この基準の前文において，原価計算の必要性を述べています。

　「わが国における原価計算は，従来，財務諸表を作成するに当たって真実の原価を正確に算定表示するとともに，価格計算に対して資料を提供することを主たる任務として成立し，発展してきた。

　しかしながら，近時，経営管理のため，とくに業務計画および原価管理に役立つための原価計算への要請は，著しく強まってきており，今日原価計算に対して与えられる目的は，単一ではない。すなわち，企業の原価計算制度は，真実の原価を確定して財務諸表の作成に役立つとともに，原価を分析し，これを経営管理者に提供し，もって業務計画および原価管理に役立つことが必要とされている。したがって，原価計算制度は，各企業がそれに対して期待する役立ちの程度におい

て重点の相違はあるが，いずれの計算目的にもともに役立つように形成され，一定の計算秩序として常時継続的に行なわれるものであることを要する。ここに原価計算に対して提起される諸目的を調整し，原価計算を制度化するため，実践規範としての原価計算基準が設定される必要がある。」

このような趣旨に従って「原価計算基準」が制定されたのです。

2. 原価計算の目的

製品の製造原価を計算する目的には，大きく分けて5つの項目があげられます。

(1) 財務諸表作成目的

「企業の出資者，債権者，経営者等のために，過去の一定期間における損益ならびに期末における財政状態を財務諸表に表示するために必要な真実の原価を集計すること。」（基準1（一））

原価計算は，製品の製造原価を算定することで，当該事業年度の売上高に対する売上原価と，期末の在庫製品および仕掛品の評価計算を通じて財政状態を示すことになります。ですから，ここの計算がいい加減ですと，損益の状況を正しく算出できないのとあわせて期末の在庫棚卸資産の評価を通じて財政状態も疑わしい内容になってしまいます。ですから，製造業にとってはこの原価計算は必須となるのです。

(2) 価格計算目的

「価格計算に必要な原価資料を提供すること。」（基準1（二））

製造する製品の売価をいくらにするかを決定するための原価資料を提供する機能をいいます。当然ですが，算定された製品製造原価に利益を

上乗せして売価を決めるのです。製品の市場における売価がすでに決まっている，つまり所与の場合には，自社の製造原価で太刀打ちできるのかを知ることができるのです。

(3) 原価管理目的

「経営管理者の各階層に対して，原価管理に必要な原価資料を提供すること。ここに原価管理とは，原価の標準を設定してこれを指示し，原価の実際の発生額を計算記録し，これを標準と比較して，その差異の原因を分析し，これに関する資料を経営管理者に報告し，原価能率を増進する措置を講ずることをいう。」(基準1 (三))

この原価管理（Cost Controlといいます）とは，現在の生産設備の下で原価の低減を図る目的を指します。この管理手法では，発生原価の標準額を示して，実際の発生額との差異を分析することでその原因を究明し，より効率的な製造を工夫するのです。

(4) 予算管理目的

「予算の編成ならびに予算統制のために必要な原価資料を提供すること。ここに予算とは，予算期間における企業の各業務分野の具体的な計画を貨幣的に表示し，これを総合編成したものをいい，予算期間における企業の利益目標を指示し，各業務分野の諸活動を調整し，企業全般にわたる総合的管理の要具となるものである。予算は，業務執行に関する総合的な期間計画であるが，予算編成の過程は，たとえば製品組合せの決定，部品を自製するか外注するかの決定等個々の選択的事項に関する意思決定を含むことは，いうまでもない。」(基準1 (四))

ここまで基準を読んできますと，段々と難解になってくるような気がしますね。ある年度の目標利益を立てて，その実現のために企業活動の全分野の予算を策定し，その中の原価予算をいかに達成するべきかの管

理を行うのです。その達成のためには，現在の生産設備の見直しや製造する製品展開までも検討の対象にすることになります。

(5) 経営意思決定目的

「経営の基本計画を設定するに当たり，これに必要な原価情報を提供すること。ここに基本計画とは，経済の動態的変化に適応して，経営の給付目的たる製品，経営立地，生産設備等経営構造に関する基本的事項について，経営意思を決定し，経営構造を合理的に組成することをいい，随時的に行なわれる決定である。」(基準1（五）)

　企業の経営者の意思決定に有用な原価情報を提供するもので，新たな製品を市場に投入する際に，その製品を市場はどのように評価して販売価格を受け入れるだろうか，そしてその価格で売るためには製造原価をどこまで抑えなければならないか。競合他社の製品に太刀打ちできる自社製品をいくらの原価で製造できるのか。また新たな市場に向かって新製品を発売するとした場合，製造数量と製造単価はどのようになるだろうか。このような経営意思決定に対する検討材料として，重要な原価情報を提供するのです。

　次の世代を背負うような新たな自動車を開発した場合，その開発費用と製造原価はどれ程に上るのだろうか。労働力不足を補うために海外に工場を移転するか，国内で若年層の就職の場が少ない地域に工場進出するか，その際の製造原価への影響はどのようになるのか。そしてカントリーリスクを加味した場合にどちらに軍配が上がるのか。目標利益を達成するために，パーソナルコンピューター部門を切り離して別会社にした方がいいのか。液晶テレビの製造を大幅に縮小した方がいいのか。こういった現実の事例が数多くあります。このように目標利益の達成のための原価情報を提供するのです。

3. では原価の本質とは？

　この原価計算で対象にしている原価とは何でしょうか。原価といえば，その言葉の意味から「一貫百円でも原価割れはしていません！」（これは回転ずしですが）とか，「原価割れの捨て値だよ！」（バーゲンセールの広告で）との言葉を耳にすることで何となく理解しているような気持ちになるのですが，原価の本質と改めて問われますと，はてな？　と考え込んでしまいます。

　原価の本質に関する「基準」での書きっぷりをみてみましょう。

　「原価計算制度において，原価とは，経営における一定の給付にかかわらせて，は握された財貨又は用役（以下これを「財貨」という。）の消費を，貨幣価値的に表わしたものである。」（基準3）と規定していますが，難解ですね。順を追ってみましょう。

　①「原価は，経済価値の消費である。経営の活動は，一定の財貨を生産し販売することを目的とし，一定の財貨を作り出すために，必要な財貨すなわち経済価値を消費する過程である。原価とは，かかる経営過程における価値の消費を意味する。」（基準3（一））

　原価計算は金額で表示できる経済価値の消費によって測定されるもので，金額で表せないものは原価として認識しないのです。例えば，優秀な頭脳をもつ研究者を大勢集めて先端技術の集積された製品を造ったとします。その研究者に対する給与等は金銭で支出されますから原価の認識ができますが，各研究者の優秀な頭脳は金銭で直接測定はできませんので，原価として認識できません。以前「人的資源会計」という書籍をみたことがありました。優秀な人材そのものが高額な資産として評価されるというのですが，確かにそれだけの人材を集めることを考えますと相当の資金が必要になるかと思います。でもその頭脳をもつ個々人を金銭で評価するかといえば，客観的な評価基準もなく，算定不可能でしょ

う。つまり原価となるには，金銭で測定できる価値の消費を原価として認識するのです。

　②「原価は，経営において作り出された一定の給付に転嫁される価値であり，その給付にかかわらせて，は握されたものである。ここに給付とは，経営が作り出す財貨をいい，それは経営の最終給付のみでなく，中間的給付をも意味する。」（基準3（二））

　原価とは単に価値の減少をいうのではなく，企業が提供する製品や用役（サービス）に関連して消費されるものをいうのです。ここで用役（サービス）と書きましたが，物理的な物の提供ではない場合，例えば介護サービスでも当然原価計算は行われているのです。そして，ここで一定の給付に転嫁されるとは，製品やサービスの提供・給付に対応して原価が発生することを示しているのです。製品やサービスの提供にはまったく関係なく発生する費用・支出等は原価にはならないのです。

　③「原価は，経営目的に関連したものである。経営の目的は，一定の財貨を生産し販売することにあり，経営過程は，このための価値の消費と生成の過程である。原価は，かかる財貨の生産，販売に関して消費された経済価値であり，経営目的に関連しない価値の消費を含まない。財務活動は，財貨の生成および消費の過程たる経営過程以外の，資本の調達，返還，利益処分等の活動であり，したがってこれに関する費用たるいわゆる財務費用は，原則として原価を構成しない。」（基準3（三））

　その経営（法人のみならず個人事業も含みますので）が目的とする事業，すなわち製品・サービスの生産，販売を行うことで消費されたものを原価とするのであり，経営目的ではない活動によって発生した価値の消費は含まないのです。ここでは事業の継続にとって必須である資金調達等の財務活動によって発生する費用も，ここでいう原価には含まれないのです。

④「原価は，正常的なものである。原価は，正常な状態のもとにおける経営活動を前提として，は握された価値の消費であり，異常な状態を原因とする価値の減少を含まない。」(基準3（四）)

　ここでは原価が正常な状態の下で発生したものに限るとしていますが，異常な状態とはどのような状態をいうのでしょうか。典型的な例としては，火災や盗難，風水害等の天災，もちろん震災による損害や操業停止による支出も該当します。ここで発生する費用ですが，生産ラインが止まれば費用は発生しないのではと考えるかも知れませんが，従業員の人件費を始め固定費が発生しているのです。従業員のストライキによる操業停止も同様ですし，まったく予期できない不良品や仕損品の発生も異常な状態による損失といえます。ドイツの某有力自動車メーカーの排気基準の仮装によって，これから負担しなければならない膨大な損失もここでいう正常な状態によって発生する費用ではありませんので，自動車の製造原価を構成しないのです。

2 製品別計算はどのように？

　製品別の原価計算の方法には，その会社（個人事業も含みますが）の実際の生産形態に応じて，大きく分けて次のような類型に区分できます。

1. 単純総合原価計算

　この計算方法は，同種類の製品を反復連続して生産する形態に適しています。原価の算定方法は半年や四半期等の一定期間（以下，計算期間という）に発生したすべての原価を集計してその計算期間の総製造費用を求めます。これに前計算期間から繰越した仕掛品原価を加え，この合計額を完成品と翌計算期間に繰越す仕掛品に分割し，この計算期間における完成品総合原価を算出します。そして完成品数量によって製品の製造単価を算定するのです。

　特定の工場または生産ラインで単一製品を継続して作り続けているような生産形態に適している原価計算方法です。

2. 等級別総合原価計算

　この計算方法は，同一工程で同種の製品を連続して生産するのですが，その形状，規格，品位等の違いがあるような場合に適している計算方法です。同種の製品ではあるがその規格等の違いを等級によって原価配分をするのです。例えばA製品を1.0，B製品を1.5，C製品を2.3というように，一単位作るための原価の配分割合を加重するのです。A製品500個，B製品400個，C製品200個を生産したとし，このときの製造費用が3,120,000円だったとすると次のようになります。

製品の加重合計：500×1.0＋400×1.5＋200×2.3＝1,560
　　製造単価1単位当たり：3,120,000円÷1,560＝2,000となりますので，
　　A製品＝2,000円，B製品＝3,000円，C製品＝4,600円となります。
　実際の例を考えてみますと，自動車が思い当たります。同じ車種であっても，その装置や附属品，オプション，色などが違う多くの種類があります。その製造工程での手数の掛かり具合や工数が異なり，部品展開も異なることになります。同じ生産ラインを流れてくる台車ですが，コンピューター制御によってこのように異なるクラスの自動車が製造されているのです。このような例のように多くの製品で微妙にその機能やデザインが異なる，単一製品で多品種の製品ラインナップをしている製造工程を有する場合の原価の計算に使われる方法です。もう少し小型の製品で実際に見た例ですと，釘打ち機の組み立てラインが相当します。釘打ち機には多くの規格があり，注文数量に応じて各製品の組み立て計画を立てるのです。それぞれの製品の部品構成と組立工数は異なっており，その点数と工数によって等級を付けて発生した原価を配分しているのです。

3. 組別総合原価計算

　この計算方法は，異種製品を組別（ロット別）に連続生産する生産形態に適しています。原価の計算期間で発生した原材料費と加工費を各組別に配賦して，製造原価を集計するのです。
　具体的な適用ですが，同一の生産ラインで一定数量ごとに区分けして，まったく異なる製品を製造する場合で，先週はオーディオ・アンプを，今週はCDプレーヤーを，来週はヘッドフォンを組み立てるというように，一定数量を計画的に生産する形態が考えられます。最近の家電品の生産体制をみていますと，専業メーカーがOEMで複数の総合家電メー

カーの製品を製造している例が多いのですが，各社の製品は微妙に規格が異なり，かつ組み立てラインを同時に流れることはありませんので，製品のロットごとに製造・組立が行われています。

4. 個別原価計算

　この計算方法は，種類が異なる製品を個別に受注して生産する生産形態に適しています。ここでの原価の集計は，個々の製品の製造指図書に指示されている原材料および各作業工程で投入される加工費を個別に集計して総原価を算出するのです。

　代表的な適用例は建設業です。施主（注文主）からの発注を受けて，設計図に従って施工し，完成後に施主に引き渡すのが一般的な流れです。同じ仕様の建売住宅の建設を除き，この建物等の建築では同一製品を反復して製造するわけではありませんので，発生する原価は同一・同額ではありません。ここでは受注した工事ごとに工事番号を付して，発生する原価を工事番号に集計するのです。このような原価集計の流れは，プラント工事でも同様です。

3 原価要素の分類基準について

1. 原価の分類とは？

　製造原価を集計する際には，その工場や製造ラインで発生した費用を集計して製品原価に配分しなければなりません。この費用の集計方法ですが，製品を製造する工程でどのように発生しているのか，どのように製品に関連づけられるのかを考えなければなりません。何の区分もせずに単に合計するだけですと，製品ごとの原価を算出する段階でその配分に混乱をきたしてしまいます。この原価を把握する分類基準を考えてみましょう。

2. 原価の形態別分類

　この形態別分類という言葉にこだわる必要はありませんが，原価を集計する際に一般的に使われている区分方法の名称になります。ここでは原価の発生形態によって分類するもので，原材料費，労務費，経費の3つに分類して集計するのです。

(1) 原材料費

　この原材料費とは，原料・材料等の素材費の他，買入部品費，工場消耗品費，消耗工具器具備品費，燃料費等が含まれます。製造現場で物理的に消費されている物が該当します。この原材料等は，その製品の属性によって使用量に相当の違いがありますが，それぞれの受払，つまり購入から製造現場への払出の計算が必要になります。当然在庫しているものは棚卸資産になりますから，原則として継続記録が必要になり，その

記録から払出単価を計算して原材料費を算出します。商品と同様に先入先出法，移動平均法や総平均法等の受払計算方法を用いて単価の計算をすることになります。

(2) 労務費

　人に対する労働の対価として支払うのが労務費です。この労務費には給料および賃金は当然ですが，この他に雇用主が負担する健康保険料，厚生年金掛金，失業保険料および労働災害保険料といった法定福利費，退職給付引当金繰入額や賞与引当金繰入額，各種の慶弔費や福利厚生費が含まれます。つまり人を雇用することによって発生する費用ですので，パート・アルバイト等の非正規雇用に係る支払いも含まれます。給与の支払いについてその期間対応関係に，その企業によって微妙に違いがあり，月末締めの翌月20日払い，15日締めの月末払い等いろいろなパターンがありますし，残業手当も実際に残業した時期と支払時期にずれが生じています。実際に働いた期間に対応した費用を計上するために，未払費用を計上して原価として認識する必要があります。

(3) 経費

　この経費ですが，上記の原材料費，労務費に含まれない費用を計上することになります。ここには販売費及び一般管理費と同様の勘定科目名が出てきますが，製造原価と販売費及び一般管理費との区別は主にその費用の支出内容によって区別することになります。工場と本社が同居していて区分が難しい場合には，旅費交通費や水道光熱費等はどのような目的で支出されているのかによって分けることができます。本社部門が使っている建物の減価償却費は販売費及び一般管理費ですが，工場の建物や機械，製造部門が使っている部分の減価償却費は製造原価になります。

(4) 外注加工費

　製造業ですと下請け先に外注を依頼して部品や材料を調達することがあります。原材料費の中の部品費として計算することもありますが、外注金額が多額となり重要性が高くなりますと、外注加工費として別途計算することもあります。外注加工費についても代金の支払いのタイミングが後ろにずれるでしょうから、未払費用を計上して実際の物の動きに合わせなければなりません。

3. 原価の管理可能性による分類

　これは原価管理のための分類方法で、原価の発生が一定の管理者層によって管理できるのか否かによる分類方法です。それぞれの原価要素ごとに管理可能費と管理不能費とに分類します。ただ、管理可能の可否は管理者層によって異なり、下級管理者にとって管理不能費であっても上級管理者にとって管理可能費となるものもあります。それは、費用の支出に対する意思決定権限に由来し、製造ラインの効率化に設備投資をすることで労務費と経費が削減を図ることができるとしても、設備投資の決定権限がライン長になければこの労務費と経費の削減部分はライン長にとって管理不能費となります。

　この原価の分類方法は、原価低減を図る上で必須となります。現場管理者に対して管理不能費までの管理責任を問うということは、無理な管理責任を負担させることになり、精神的な軋轢を生むだけで実効性を期待できません。

4. 操業度との関連における分類

　生産工程での操業度の増減に対する原価発生の態様による分類であり、

原価要素をこの分類基準によって固定費と変動費とに分類します。この操業度とは，生産設備を一定とした場合におけるその利用度をいい，固定費とは操業度の増減のいかんにかかわらず変化しない原価要素をいいます。一方変動費とは，操業度の増減に応じて比例的に増減する原価要素をいいます。

固定費の例としては，操業度の高低にかかわらず支給される正社員の定例給与，工場設備等の固定資産の減価償却費，同じく工場建物と機械設備に係る固定資産税など，製品を製造しているか否かにかかわらず発生する費用が該当します。

変動費の典型的な例としては，製造工程に投入する原材料や消費することによって発生する水道光熱費があります。

この原価の分類方法では，大規模な設備を必要とするプラントや工場では固定費部分が多く，設備を必要としないサービス業では変動費が多くなります。

発生する原価を変動と固定に分けることによって，簡便ではありますがよく使われている経営分析手法を利用することができます。

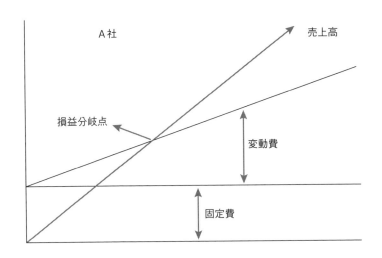

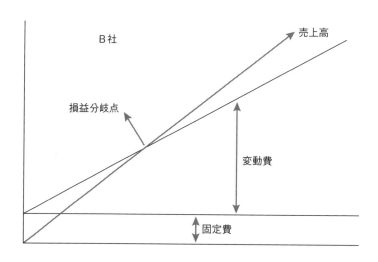

　前頁のA社と上記のB社を比較してみますと，A社は固定費が多く変動費の比率は低いのに対して，B社では固定費が少なく変動費率が高くなっています。売上利益は，

　売上高－（固定費＋変動費）

　ですから，損益分岐点の左部分では赤字に，右部分では黒字になります。ただ，A社とB社を比べてみますと，売上高の変化によって利益高の変化には違いが生じています。同じ売上高の増減変化を考えてみますと，A社の方がより変動が大きくなっています。つまり大規模な装置を要する産業では，操業度の低下による赤字の発生額はより多額となります。

　この損益分岐点による経営分析手法は，アバウトではありますが一般的によく使われています。どの程度の操業度を維持することで黒字を確保できるのか。また，低操業度を解決するために安価な注文も敢えて受注するという経営判断に使われるのです。

4 実際原価と標準原価

1. 原価計算上での予定計算

　原価計算では，実際に消費した原材料費，労務費そして経費を集計するのが原則です。これが実際原価による原価計算制度で，一般的に多くの企業で採用されています。ここでは倉庫から払い出した原材料の数量とその単価を倉庫の担当者から，製造現場の従業員の給料や手当を給与計算担当者から，そしてその他諸々の経費の実際発生額を経理担当者からデータを集計するのです。

　しかし，この実際原価の欠点は，原価計算の結果が出てくるタイミングがその製品を出荷した後になってわかるという時間的な遅れです。原材料費の高騰や水道光熱費等の諸経費の想定外の支出等で，当初考えていたよりも製造原価が高くなってしまい，それを売価に反映できなかったことが後になってわかったという残念な結果を招くこともあり得るのです。

　そこで工夫されたのが，前もって原材料の価格を予測して価格を決めておく方法です。投入する原材料費を，実際の消費数量に予定価格を掛けて算出した投入額を使って原価計算をするのです。ただ，当然ですがこの予定価格と実際の価格との間に差額が生じます。この差額ですが，予定価格よりも実際の価格の方が高い場合には，予定価格が安すぎたことになり，製品原価も過少になっています。ですからこの差額を製品原価に追加しなければなりません。具体的には，すでに売り上げた製品と在庫している製品に配賦することになりますので，売上原価と棚卸製品に加算することになります。逆に実際の価格よりも予定価格の方が高く設定されていた場合には，製品原価が過大になってしまいます。この場

合には，売上原価と棚卸製品から減額することになるのです。

2. 標準原価とは

　標準原価という用語を初めてみる読者もいるでしょうが，原価計算ではよく使われている専門用語です。「基準」では「標準原価とは，財貨の消費量を科学的，統計的調査に基づいて能率の尺度となるように予定し，かつ，予定価格又は正常価格をもって計算した原価をいう。」（基準4（一）2）と説明しています。ここで「予定価格をもって」としていますので，実際原価計算での予定価格とどこが違うのかと思われるでしょう。標準原価計算では加工費を含んだ価格を想定して，製造単価を決めます。その想定にはできうるかぎりのデータを用いて予測するのです。科学的および統計的といっているのは，その予測プロセスを精緻に行っているからです。製造工程の操業度も最大操業ではなく，現実的な正常操業度を前提に発生原価を予測するのです。

　上場会社を始め多くの企業でこの標準原価計算制度を採用していますが，実は実際の発生原価とは乖離が生じています。あくまでも予測ですので，現実の数値と一致するというのは神業でしょう。この発生する標準と実際の差額，これを原価差異といいますが，この発生した差額は，前述の予定価格のときと同様の計算によって売上原価と棚卸在庫に配分します。

　この標準原価による原価計算制度を採用する意義は，製品の製造単価を算出するのはもちろんなのですが，むしろ原価管理に重点が置かれています。発生した原価差異がどのような原因で発生したのかを分析して，改善できる点を明らかにして，製造工程の効率化を図ることに主目的があるのです。ですから，標準原価は実際の原価の発生状況の変化に対応して逐次見直しが行われます。正常操業度を前提にして慎重に標準原価

を想定したにもかかわらず，実際の発生原価が大きく乖離した場合には，その原因を分析することで無駄な原価の発生を回避するとともに，効率化をどのように図ることができるかの有用な情報を得ることができるのです。

3．原価差異の分析

　ここでは標準原価計算制度において生じる主要な原価差異について簡略に説明しましょう。

(1) 材料受入価格差異

　原材料の購入価格と製造工程への払い出す標準価格との差額をいい，在庫数量の単価を標準価格として計算していますので，
　　（購入価格－標準価格）× 　購入数量　＝　材料受入価格差異
となります。

(2) 材料費差異

　この材料費差異とは，製品を製造するための実際の材料投入量と前もって算定してある標準材料投入量の差異のことです。つまり一定の製品を製造するための標準使用量と実際使用量との差異なのです。

(3) 労務費差異

　この労務費差異は，標準原価による労務費と実際に発生した労務費との差異をいい，労賃金の賃率差異と作業時間差異に分けることができます。前者は標準賃率と実際賃率の差額に実際作業時間を乗じて算出します。一方後者は一定の製品を製造するのに要する標準作業時間と実際作業時間との差異に標準賃率を乗じて算出します。労務費差異がどのよう

な原因によって発生したのかを分析するのです。

(4) 間接費差異

　製造部門に要する間接費で生じた差異のことで，原則として一定期間における標準間接費と実際に発生した間接費の差額であり，能率差異と操業度差異に分けて分析します。

5 製品と仕掛品の原価計算

1. 製品の製造原価の具体的な計算方法は？

　ここでは単純な総合原価計算を例にして，製品単価の算出プロセスを例示することにします。実際の製造工程では，原材料の投入のタイミング，加工の進捗状況，複数の工程を経て製品に完成する場合等，多くのパターンがあります。しかし，そのような工程は，単一工程を積み重ねていけばいいのであり，現実の製造ラインの流れを観察して原価計算の制度設計をすればいいのです。

2. 単一工程総合原価計算

　ここでは簡単な計算例を示します。原材料の投入は工程の初段階で全量を投入すると仮定し，労務費や経費等の加工費は工程に平準化して掛るものとします。そして，原価算定のための数値は次のとおりです。

《原価計算データ》

期首仕掛品	数量	2,000個	加工進捗度	20%
	原材料費	¥300,000	加工費	¥240,000
当期投入	数量	5,000個		
	原材料費	¥600,000	加工費	¥2,500,000
当期完成品	数量	4,000個		
期末仕掛品	数量	3,000個	加工進捗度	50%

　以上のデータから，期末の完成品と仕掛品の製造原価を求めるのです。

(1)総平均法による場合

		材料費		加工費
期首仕掛品	2,000個	300,000円	400個	240,000円
当期投入	5,000個	600,000円	5,100個	2,500,000円
計	7,000個	900,000円	5,500個	2,740,000円
期末仕掛品	3,000個	385,714円	1,500個	747,273円
当期完成品	4,000個	514,286円	4,000個	1,992,727円

　期首仕掛品と当期投入分から平均的に期末仕掛品と完成品ができると考えるのが総平均法です。材料費の計算は期首仕掛品と当期投入分の合計額から平均単価を算出し，その単価に期末仕掛品と当期完成品の個数によって按分します。

　　(300,000＋600,000)÷(2,000＋5,000)×3,000＝385,714：期末仕掛品
　　(300,000＋600,000)÷(2,000＋5,000)×4,000＝514,286：完成品

　次に加工費の配賦ですが，期首および期末仕掛品の加工進捗率（加工度合いを示す言葉です）を考慮しなければなりません。そこで，当期の加工進捗率を考慮した加工数量ですが，期末仕掛品に係る加工費を完成品に換算すると，

　　3,000個×50％＝1,500個

となります。つまり加工した個数は3,000個ですが，加工進捗率が50％ですので1,500個の完成品に相当する加工費が掛っているはずであると考えるのです。そこで当期の加工数量は，完成品4,000個との合計

　　4,000＋3,000×50％＝5,500

となります。この5,500個を当期に加工したのですが，これには期首の仕掛分も含まれています。仕掛品はすでに加工がされていますので，その分も考慮しなければなりません。期首仕掛品の加工費を完成品に換算すると，

　　2,000個×20％＝400個

となります。この完成品400個相当の仕掛品が加工されて完成品と期末仕掛品になるのです。当期の加工数量が5,500個で，期首仕掛品の完成品相当数量が400個ですので，当期分の完成品相当の加工数量は5,100個になります。そこで加工費を期末仕掛品と当期完成品に配分することになります。期首仕掛品の加工費240,000円と，当期の加工費2,500,000円を配分するのです。

　　（240,000＋2,500,000）÷5,500×1,500＝　747,273：期末仕掛品

　　（240,000＋2,500,000）÷5,500×4,000＝1,992,727：完成品

となります。材料費と加工費を合算し，

　　期末仕掛品原価：1,132,987円

　　当期完成品原価：2,507,013円

となります。

(2)先入先出法による場合

	材料費		加工費	
当期投入	5,000個	600,000円	5,100個	2,500,000円
期末仕掛品	3,000個	360,000円	1,500個	735,294円
計	2,000個	240,000円	3,600個	1,764,706円
期首仕掛品	2,000個	300,000円	400個	240,000円
当期完成品	4,000個	540,000円	4,000個	2,004,706円

　この先入先出法の考え方は，商品等の棚卸資産の評価方法で適用されている先入先出法と同様で，期首にあった仕掛品が当期に完成し，当期に投入した中から期末の仕掛品が出るとする計算方法です。ですからまず当期投入分から期末仕掛品を算出することになります。

　　600,000÷5,000×3,000＝360,000：期末仕掛品

そして当期の完成品は期首仕掛品と当期投入分のうちの完成品の合計になります。

$300,000 + 600,000 \div 5,000 \times 2,000 = 540,000$：完成品

　次に加工費の配賦計算になります。ここでも当期投入分から期末の仕掛品が出るとし，期首の仕掛品はすべて完成すると考えて計算するのです。加工費の計算では総平均法と同様に加工進捗度を考慮した加工数量で計算します。当期の完成品が4,000個ですが，期首の仕掛品の加工進捗度を考慮した数量が，2,000個×20％＝400個あります。そして期末の仕掛品の加工進捗度を考慮した数量が，3,000個×50％＝1,500個あります。ここでの考え方ですが，完成品が4,000個ですが期首仕掛品分の加工数量が400個ですから，当期投入分からの完成品は3,600個になります。しかし当期投入分から期末の仕掛品の加工数量が1,500個あるのですから，当期の加工数量は3,600個＋1,500個＝5,100個となります。この5,100個分の加工費2,500,000円を完成品分と期末仕掛品分に配分することになります。

$2,500,000 \div 5,100 \times 1,500 = 735,294$：期末仕掛品

　そして，完成品の加工費は期首仕掛品の加工費と登記完成分となります。

$2,500,000 \div 5,100 \times 3,600 + 240,000 = 2,004,706$：完成品

材料費と加工費を合算して，

期末仕掛品原価：1,095,294円

当期完成品原価：2,544,706円

となります。

3. 原価計算の工夫

　上記での計算例は単純化したものですが，実際の計算でも数値が大きくなり，工程が複数になり，原材料の投入時期がその素材によって異なり，工程の途中で仕損品や副産物が生じるなどのバリエーションを考慮

することで，実務に適用しています。原価計算は現実の生産工程でのプロセスを計算に反映させるものであり，現実をみずに教科書的な制度をむりやり適用するものではありません。また，現実を無視した原価計算制度によって算出した原価は役に立たない物であり，むしろ有害になります。

　既述の，売価から利益相当額を差し引いて製造原価とするのは論外ですが，現実には発生する原価に関する情報の入手とその分析がまったくなされていない製造業が多いのです。どのように原価を管理するのか，どのように原価の低減を図るのか，発生する原価をどのように予算統制するのか，事業存続のための売価と原価のバランスは適正か，新規注文の採算はとれているのか等，原価計算は多くの経営上の課題に対応していかなければならないのです。

　製造業を営む公開会社では，株式公開時の審査で原価計算制度の整備は必須条件になっています。同業他社を会社訪問して，可能なかぎり原価計算制度の内容，適用方法，精度等を聴取することが大いに参考になります。

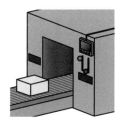

第7章

中小企業会計の計算書類の様式

　中小企業を対象にして策定された「中小企業の会計に関する基本要領」に示されている計算書類の様式を示し，簡潔に論点整理をしました。

　各計算書類の様式を注視することで，この基本要領が求めている会計処理の内容を再確認できるでしょう。

1 貸借対照表の表示について

1. 貸借対照表の記載上の注意について

　貸借対照表の様式は次ページに示されています。また記載上の注意に関しては，次のように箇条書きで示しています。

「1．資産の部は，流動資産，固定資産，繰延資産に区分して表示する。」
　固定資産の部は，物理的に形あるものを示す「有形固定資産」，形のないものを示す「無形固定資産」，そして株式等を示す「投資その他の資産」の3つに区分しています。
　また，繰延資産に該当するものがなければこの科目は貸借対照表から削除します。

「2．負債の部は，流動負債，固定負債に区分して表示する。」
　負債の部では，固定負債に属する勘定科目は一般的に限られており，流動負債に比べて計上される勘定科目は少なくなります。

「3．純資産の部の株主資本は，資本金，資本剰余金，利益剰余金，自己株式に区分して表示する。
　　　　資本剰余金は資本準備金とその他資本剰余金に区分する。
　　　　利益剰余金は利益準備金とその他利益剰余金に区分する。
　　「評価・換算差額等」や「新株予約権」に該当する項目がある場合は，純資産の部に記載する。」
　「評価・換算差額等」と「新株予約権」は，様式には示されていません。「評価差額」とは，分類上「その他の有価証券」に属する有価証券に時

価評価を行った場合に評価差額を損益計算書に計上するのではなく，純資産の部に計上するものをいいます。また「換算差額」とは，同じく上記の有価証券が外貨建てだった場合の為替換算差額を純資産の部に計上するものです。しかし，この会計処理は企業会計での「金融商品会計基準」で規定しているもので，「中小指針」でもこの基準を準用していますが，「中小会計要領」ではこの会計処理を規定してはいません。よって，この処理および表示方法は実務的には適用する例は少ないでしょう。

また，「新株予約権」は会社の新株の発行を請求できる権利で，これを外部の者に権利を付与するとして有償で与えている場合には，将来の資本金を構成することになるので，この純資産の部に計上するのです。しかし，このような新株発行の例も少ないでしょう。

「4．貸倒引当金の表示方法は3通りから選択できる。
　　①流動資産又は投資その他の資産から一括控除（様式の方法）
　　②引当の対象となった各科目（売掛金等）毎に控除し，表示
　　③引当の対象となった各科目から直接控除し，控除額を注記」

貸倒引当金の表示方法では，上記の①または②の記載が一般的です。明瞭表示の面からすると，②の表示方法が優先されるでしょう。引当対象となった各勘定科目から控除する方式で記載するので，当該債権の回収可能性や劣化の程度がわかります。

「5．有価証券について
　　①以下の2つは「有価証券」として流動資産の部に計上する。
　　　・売買目的有価証券
　　　・事業年度の末日後1年以内に満期の到来する社債等
　　②子会社及び関連会社の株式は「関係会社株式」として固定資産の投資その他の資産の部に計上する。

③それ以外の有価証券については「投資有価証券」として固定資産の投資その他の資産の部に表示する。」

　有価証券の節でも説明しましたが，売買目的有価証券を保有することは，有価証券の売買を業として行うことなので，通常この勘定科目が使われることはきわめて少ないのではないかと考えられます。

「6．有形固定資産の減価償却累計額の表示方法は3通りから選択できる。
　　①償却対象資産（建物等）から直接減額し，減価償却累計額の金額を注記（様式の方法）
　　②各償却対象資産を取得原額で表示し，各科目の下に減価償却累計額を控除形式で表示
　　③各償却対象資産を取得原額で表示し，有形固定資産の最下行に一括控除形式で表示」

　有形固定資産の減価償却に関する注記ですが，①の表示をよくみかけます。ただし，附属明細書の中の固定資産明細書でより詳細に開示することになるので，読者に対する情報を明瞭に示すことができますが，附属明細書を作成していない場合には②の記載方法が適切ではないかと考えられます。

「7．リース取引を売買取引に係る方法に準じて処理する場合には，資産の部の固定資産に「リース資産」を計上し，負債の部に「リース債務」を計上する。」

　リース取引に関しては第5章で詳しく解説しましたが，実務として売買取引に準じた会計処理をしている例は少数派と思われます。もし売買取引に準じた会計処理をしていますと，リース資産が自己保有の固定資産として貸借対照表の資産に計上され，未だ支払っていないリース料総額を負債として計上することになるのです。

これに対して，賃貸借取引として会計処理しますと，リース資産そのものは資産に計上されることはなく，単に物品の賃貸借としての処理をするだけですので，損益計算書または製造原価明細書に賃借料として計上されるだけです。後述の重要な会計方針の注記で，どのようにこのリース取引を処理しているかを示すことになります。

2．貸借対照表の様式

　中小会計要領のⅢ．様式集に示されている貸借対照表の様式を示します。

Ⅲ．様　式　集

貸借対照表
(平成○○年○月○日現在)

(単位：円(又は千円))

項目	金額	項目	金額
(資産の部)		(負債の部)	
Ⅰ　流動資産		Ⅰ　流動負債	
現金及び預金	○○	支払手形	○○
①｛受取手形	○○	買掛金	○○
売掛金	○○	①｛短期借入金	○○
③　有価証券	○○	未払金	○○
製品及び商品	○○	未払費用	○○
④｛仕掛品	○○	⑤　未払法人税等	○○
原材料及び貯蔵品	○○	⑤　前受収益	○○
①　短期貸付金	○○	⑧　賞与引当金	○○
⑤｛前払費用	○○	その他	○○
未収収益	○○	流動負債合計	○○○
その他	○○		
②　貸倒引当金	△○○	Ⅱ　固定負債	
流動資産合計	○○○	社債	○○
Ⅱ　固定資産　・・・⑥		①｛長期借入金	○○
(有形固定資産)		⑧　退職給付引当金	○○
建物	○○	その他	○○
構築物	○○	固定負債合計	○○○
機械及び装置	○○	負債合計	○○○
工具，器具及び備品	○○	(純資産の部)	
土地	○○	Ⅰ　株主資本	
その他	○○	資本金	○○ (A)
(無形固定資産)	○○	資本剰余金	
ソフトウェア	○○	資本準備金	○○○ (B)
借地権	○○	その他資本剰余金	○○○ (C)
その他	○○	資本剰余金合計	○○○ (D)
(投資その他の資産)	○○	利益剰余金	
③｛投資有価証券	○○	利益準備金	○○○ (E)
関係会社株式	○○	その他利益剰余金	
出資金	○○	××積立金	○○○ (F)
①　長期貸付金	○○	繰越利益剰余金	○○○ (G)
⑦　長期前払費用	○○	利益剰余金合計	○○○ (H)
その他	○○	自己株式	△○○ (I)
②　貸倒引当金	△○○	株主資本合計	○○○ (J)
固定資産合計	○○○		
Ⅲ　繰延資産			
⑦　開発費	○○		
繰延資産合計	○○	純資産合計	○○○ (K)
資産合計	○○○	負債・純資産合計	○○○

純資産の部(A)～(K)の表記は，株主資本等変動計算書上の(A)～(K)に対応。
表中①～⑧の表記は，本要領の目次における様式集対応勘定科目を示す。

2 損益計算書の表示について

1. 損益計算書の記載上の注意について

「損益計算書は売上高，売上総利益（又は売上総損失），営業利益（又は営業損失），経常利益（又は経常損失），税引前当期純利益（又は税引前当期純損失）及び当期純利益（又は当期純損失）を表示する。」

損益計算書では，その収益，費用・損失の発生原因によって区分表示することになります。まず本業ですが，企業の本業（厳密には定款に記載している事業になります）による収益を売上高として計上します。そしてその売上高に対応する売上原価を記載しますが，事業の内容によっては製造原価計算の結果を受けて算出することになります。

様式では売上高から売上原価を差引いて売上総利益（一般的には粗利といいます）を示しています。この売上原価の算出過程が示されてはいませんが，公開会社等の損益計算書では売上原価の算出過程を開示しています。

他社から仕入れた商品を販売する流通業の場合には次のように表示します。

期首商品棚卸高	50	
当期商品仕入高	480	
計	530	
期末商品棚卸高	60	470

つまり，

期首商品棚卸高＋当期商品仕入高－期末商品棚卸高＝売上原価

となりますので，上記の例では470が売上原価となります。

```
　　一方，製造業の場合には，
期首製品棚卸高                          50
当期製品製造原価                        480
　計                                    530
期末製品棚卸高                          60        470
```

　　期首製品棚卸高＋当期商品製造原価－期末製品棚卸高＝売上原価
となりますが，この当期製品製造原価は，「製造原価明細書」の結果として記載される数値を記入することになります。

　この粗利を売上高で割った粗利益率は，収益状況を概観するには重要な数値です。小売業などの流通業の粗利益率は数％が多いようで，一般的に売上金額が多く薄利多売という特徴があります。一方，製造業ですが20％前後の粗利益率が必要といわれています。ただ，製造業ですと製造現場と販売部門の峻別が比較的にやり易いのですが，サービス業ですと売上原価と販売費及び一般管理費の区別が明確ではない事例があり，原価の内容を検証しなければ粗利益率の比較は難しいでしょう。

　損益計算書はその会社の本業の収益状況を示すので，一瞥してその会社の事業の特徴を大掴みにみることができます。筆者の実務経験を参考にお話ししますと，会計士になる前に酒販店を営んでいました。夏場はビールがよく売れるので，その日に仕入れたビールがその翌日までに売れてしまいます。当時ビールを仕入れる際には商品と引き換えに為替手形を引き受けるのです。その手形の決済サイトは４週間で，それまでに当座預金に決済資金を入金しておかなければなりません。ですから４週間という期間に，ビールの仕入と売上が反復して繰り返されます。当然当座預金からは毎日のように手形決済が連続します。結果として，一定

の資金が1～2日に一回転というように高速回転しているのです。このような薄利多売は流通業の特徴でしょう。

2. 損益計算書の様式

中小会計要領に示している損益計算書は次のとおりですが、前述のように売上原価の算出過程を示す様式も明瞭表示の観点から考えられます。

損益計算書
自 平成○○年○月○日
至 平成○○年○月○日

(単位：円(又は千円))

項目		金額
売上高		○○○
売上原価		○○○
売上総利益		○○○
販売費及び一般管理費		○○○
営業利益		○○○
営業外収益		
受取利息	○○	
受取配当金	○○	
雑収入	○○	
営業外収益合計		○○
営業外費用		
支払利息	○○	
手形売却損	○○	
雑損失	○○	
営業外費用合計		○○
経常利益		○○○
特別利益		
固定資産売却益	○○	
投資有価証券売却益	○○	
前期損益修正益	○○	
特別利益合計		○○
特別損失		
固定資産売却損	○○	
災害による損失	○○	
特別損失合計		○○
税引前当期純利益		○○○
法人税、住民税及び事業税		○○
当期純利益		○○○ (L)

当期純利益（L）の表記は、株主資本等変動計算書上の（L）に対応。

株主資本等変動計算書の表示について

1. 株主資本等変動計算書の意義と内容

(1) 株主資本等変動計算書の意義

　株主資本等変動計算書は，貸借対照表の純資産の部の変動状況を表示する計算書です。平成18（2006）年5月の改正会社法施行に伴って作成されるようになりました。それ以前では，資本の部（現在の純資産の部）の変動状況は利益処分に記載されることで，前期の貸借対照表と当期の貸借対照表の整合性が説明できるようになっていました。

　会社法の改正によって利益処分が定時株主総会の決議以外でも行うことができるようになり，会社の経営に対する自由度が拡大されることになりました。そのために，期中の純資産の変動を適切に把握・表示する必要性から，新たに株主資本等変動計算書を作成することになったのです。

　株主資本等変動計算書の様式としては，表示方式と勘定方式が示されていますが，一般的には表示方式が採用されています。

(2) 株主資本等変動計算書の内容

　株主資本等変動計算書の表示では，純資産として株主資本だけを示しています。貸借対照表の純資産の部には株主資本以外の評価・換算差額等があるのですが，この勘定科目を使う会計処理をとっていないため，この項目が省略されています。株主資本を貸借対照表の純資産の部の内容で区分し，期中における増減額を表示することになります。

　当期変動額の内訳の中には，当期純利益が記入されていますが，ここには当期の損益計算書の当期純利益を記入します。そして最後の行の各

勘定科目に計上されて金額は当期の貸借対照表の純資産の部の計上額に一致します。

　　期首純資産±期中の増減額±当期純利益(純損失)＝期末純資産

という算式で計算されるのです。

2. 株主資本等変動計算書の様式

(1) 表示方式の株主資本等変動計算書

株主資本等変動計算書
自 平成〇〇年〇月〇日
至 平成〇〇年〇月〇日

※純資産の各項目を横に並べる様式

(単位：円(又は千円))

	株　　主　　資　　本										純資産合計
	資本金	資本剰余金			利益剰余金				自己株式	株主資本合計	
		資本準備金	その他資本剰余金	資本剰余金合計	利益準備金	その他利益剰余金		利益剰余金合計			
						××積立金	繰越利益剰余金				
当期首残高	〇〇	〇〇〇	〇〇〇	〇〇〇	〇〇〇	〇〇〇	〇〇〇	〇〇〇	△〇〇	〇〇〇	〇〇〇
当期変動額											
新株の発行	〇〇	〇〇〇		〇〇〇						〇〇〇	〇〇〇
剰余金の配当							△〇〇〇	△〇〇〇		△〇〇〇	△〇〇〇
剰余金の配当に伴う利益準備金の積立て					〇〇		△〇〇	〇〇			〇〇
当期純利益							〇〇〇(L)	〇〇〇		〇〇〇	〇〇〇
自己株式の処分									〇〇	〇〇	〇〇
×××××											
当期変動額合計	〇〇	〇〇〇	－	〇〇〇	〇〇	－	〇〇〇	〇〇〇	〇〇	〇〇〇	〇〇〇
当期末残高	〇〇(A)	〇〇〇(B)	〇〇〇(C)	〇〇〇(D)	〇〇〇(E)	〇〇〇(F)	〇〇〇(G)	〇〇〇(H)	△〇〇(I)	〇〇〇(J)	〇〇〇(K)

(注)　当期変動額は、株主資本の各項目の変動事由ごとに変動額と変動事由を明示します。
　表記 (A) ～ (L) は、貸借対照表上の純資産の部 (A) ～ (K)、損益計算書上の当期純利益 (L) に対応。

(2) 報告方式の株主資本等変動計算書

株主資本等変動計算書
自 平成○○年○月○日
至 平成○○年○月○日
(単位：円(又は千円))

※純資産の各項目を縦に並べる様式

株主資本				
	資本金	当期首残高	○○	
		当期変動額　新株の発行	○○	
		当期末残高	○○	(A)
	資本剰余金			
		資本準備金	当期首残高	○○○	
			当期変動額　新株の発行	○○○	
			当期末残高	○○○	(B)
		その他資本剰余金	当期首残高及び当期末残高	○○○	(C)
		資本剰余金合計	当期首残高	○○○	
			当期変動額	○○○	
			当期末残高	○○○	(D)
	利益剰余金			
		利益準備金	当期首残高	○○○	
			当期変動額　剰余金の配当に伴う利益準備金の積立て	○○	
			当期末残高	○○○	(E)
		その他利益剰余金			
			××積立金　当期首残高及び当期末残高	○○○	(F)
			繰越利益剰余金　当期首残高	○○○	
			当期変動額　剰余金の配当	△○○○	
			剰余金の配当に伴う利益準備金の積立て	△○○	
			当期純利益	○○○	(L)
			当期末残高	○○○	(G)
		利益剰余金合計	当期首残高	○○○	
			当期変動額	○○○	
			当期末残高	○○○	(H)
	自己株式	当期首残高	△○○	
		当期変動額　自己株式の処分	○○	
		当期末残高	△○○	(I)
	株主資本合計	当期首残高	○○○	
		当期変動額	○○○	
		当期末残高	○○○	(J)
純資産合計	当期首残高	○○○	
	当期変動額	○○○	
	当期末残高	○○○	(K)

(注) 当期変動額は、株主資本の各項目の変動事由ごとに変動額と変動事由を明示します。
表記 (A) ～ (L) は、貸借対照表上の純資産の部 (A) ～ (K)、損益計算書上の当期純利益 (L) に対応。

4 個別注記表とは？

1. 準拠している会計基準の記載

　まず，計算書類がどのような会計基準に準拠して作成されているのかを記載します。公開会社であれば財務諸表等規則（内閣府令）に従って作成されますし，非公開会社で会社法に従って作成しているのであれば会社計算規則に定めた雛形によることになります。このように計算書類の作成には準拠すべき基準があり，ここでは個別注記表の冒頭にその準拠している基準を示しているのです。そこで，

　「1．この計算書類は，「中小企業の会計に関する基本要領」によって作成されています。」という文言を個別注記表の冒頭に記載することになります。多くの中小企業では，経理や税務を依頼している顧問税理士事務所の会計システムに依拠しているかと思いますし，また独自に財務会計システムに会計情報を入力して計算書類を作成している場合もあるでしょう。でも，準拠している会計基準によって，その決算数値は異なる結果になることもあり得ます。この計算書類を利用する経営者はもちろんのこと，取引先や金融機関の担当者に対して，財務情報を発信する上での前提条件を示しているのが，この記載の趣旨になります。

2. 重要な会計方針に係る事項の注記

　「(1) 資産の評価基準及び評価方法
　　①有価証券の評価基準及び評価方法
　　　総平均法による原価法を採用しています。」
有価証券の評価方法として総平均法が簡便なのですが，第5章で解説

したように期中に同一銘柄を売買している場合には，移動平均法が実態を表すことになります。

「②棚卸資産の評価基準及び評価方法

　　総平均法による原価法を採用しています。」

　棚卸資産の評価方法としては，その棚卸資産の実際の入出庫の実態に合わせるのが適切と考えられます。食品のように鮮度が求められるものですと，先入先出法が妥当でしょうし，タンクに液体を貯蔵するような場合には移動平均法が実態を表すことになります。まずはその棚卸資産の受払の実態を把握して評価方法を決めるべきでしょう。また評価基準ですが，原価法または低価法のいずれかを選択することになります。

「(2) 固定資産の減価償却の方法

　①有形固定資産

　　定率法（ただし，平成10年4月1日以降に取得した建物（附属設備を除く）は定額法）を採用しています。

　②無形固定資産

　　定額法を採用しています。」

　有形固定資産の減価償却方法としては定率法と定額法が一般的です。使用時間などの稼働可能量が限られているような特殊な資産だと生産高比例法の選択も考えられます。無形固定資産は定額法が一般的です。

　この減価償却は一定の方法に従って継続することが必要であり，利益の操作を目的に恣意的に償却計算を変更することは，決算の信頼性を確保するために避けなければなりません。

「(3) 引当金の計上基準

　①貸倒引当金　債権の貸倒れよる損失に備えるため，一般債権について法人税法の規定に基づく法定繰入率により計上していま

す。
②賞与引当金　従業員の賞与支給に備えるため，支給見込額の当期負担分を計上しています。
③退職給付引当金　従業員の退職給付に備えるため，決算日において，従業員全員が自己都合によって退職した場合に必要となる退職金の総額の○％を計上しています。」

　引当金の計上基準については，計上根拠を明示するとともに，引当額が十分な額であるか否かを判断できる記載をすべきです。当然ですがこの引当金の計上基準は金融機関等から注目されています。特に法人税法では引当金の損金算入には，発生主義会計に反して限定的になってきていますので，税法の規定に準拠するのではなく，税法上損金不参入で有税であっても純粋に会計上の判断によって必要額を計上すべきです。

「(4)　その他計算書類作成のための基本となる重要な事項
　①リース取引の処理方法
　　リース取引については，賃貸借取引に係る方法により，支払リース料を費用処理しています。なお，未経過リース料総額は，○○○円（又は千円）であります。」

　リース取引の会計処理には2通りの考え方があるため，会計処理が異なることになり，この注記例では賃貸借取引の考え方をとっています。リース契約では途中解約が制限されており，もし途中で解約すると残存リース期間のリース料を違約金として支払うことになるため，潜在的な債務として未経過リース料を注記するのです。

「②消費税等の会計処理
　　消費税等の会計処理は，税抜方式（又は税込方式）によっています。」

消費税の会計処理としては，消費税が売上高を構成することはありませんので，原則として税抜処理が妥当です。

3. 貸借対照表に関する注記について

「(1) 有形固定資産の減価償却累計額　　　　○○○円（又は千円）
(2) 受取手形割引額　　　　　　　　　　　○○○円（又は千円）
(3) 受取手形裏書譲渡額　　　　　　　　　○○○円（又は千円）
(4) 担保に供している資産及び対応する債務
　　　　　　　　　　　建物　　○○○円（又は千円）
　　　　　　　　　　　土地　　○○○円（又は千円）
　　　　　　　　　　　長期借入金○○○円（又は千円）」

　減価償却累計額は，貸借対照表の記載方式によって違いがあります。各固定資産ごとに減価償却累計額を控除する形式で記載されている場合には，すでに累計額が判明していますので，ここでの総額の記載は二重になります。

　また，受取手形の割引額と裏書譲渡額は，その手形の振出先（手形記載金額の最終支払者）の支払い不能となった場合の偶発債務の存在を注記で明らかにするものです。

　債務の担保として供している資産は，会社にもしものことが起こったときには担保権者が債権の回収のための権利を有することを示しており，その債務額によっては担保余力の有無を示すことになります。

　貸借対照表に対する注記としては，このほかに債務保証などの偶発債務や金融機関との当座貸し越し契約などの注記があります。

4. 株主資本等変動計算書に関する注記について

「(1) 当事業年度の末日における発行済株式の数
 (2) 当事業年度の末日における自己株式の数
 (3) 当事業年度中に行った剰余金の配当に関する事項
　　　平成○○年○月○日の定時株主総会において，次の通り決議されました。

配当金の総額	○○○円（又は千円）
配当の原資	利益剰余金
一株当たりの配当金	○円
基準日	平成○○年○月○日
効力発生日	平成○○年○月○日

 (4) 当事業年度の末日後に行う剰余金の配当に関する事項
　　　平成○○年○月○日開催予定の定時株主総会において，次の通り決議を予定しています。

配当金の総額	○○○円（又は千円）
配当の原資	利益剰余金
一株当たりの配当金	○円
基準日	平成○○年○月○日
効力発生日	平成○○年○月○日」

株主資本等変動計算書は比較的に歴史の浅い計算書ですので，記載されている事項の説明を注記することで，内容の理解度を上げることになります。

5 製造原価明細書を理解しましょう

1. 製造原価明細書の意義

　小売・卸売業では，商品を仕入れて顧客に販売するだけですので（こういいますと，怒られるかもしれませんが），商品の受払を記録して，先入先出法，後入先出法，総平均法等の評価方法によって売上原価と期末の在庫商品棚卸高を計算すればいいのですが，物を製造している事業ではそうはいきません。当然ですが，製造原価を計算する必要があるのです。

　後に示している製造原価明細書を参照して，貸借対照表と損益計算書との関係をみてみましょう。

(1) 材料費

　この材料費の算出過程には，貸借対照表と損益計算書の数値との連携関係があります。

　期首材料棚卸高←前期の貸借対照表の資産の部の材料計上額
　当期材料仕入高は当期の元帳に記載されている材料の仕入高
　期末材料棚卸高→当期の貸借対照表の資産の部の材料計上額
で，
　　当期材料費＝期首材料棚卸高＋当期材料仕入高－期末材料棚卸高
で算出します。

(2) 労務費

　工場等の生産現場に投入されている人員の給与と法定福利費等の人件費です。この労務費には工場の管理職の人件費も含まれます。

(3) 経費

　生産現場で消費されている諸々の経費を計上します。最初に外注加工費がありますが，下請け加工の比率が高い製造業ですと，この外注加工費が相当額に上ることがあります。そのためこの外注加工費を材料費，労務費，経費と並列に掲記することもあります。

　製造費用に占める外注加工費の比率が外注比率で，その反対が内製率になります。大手の製造業でも主力製品の多くをOEMで外注に頼っている事実がこの比率でわかります。

　上記の材料費，労務費，経費の合計額が当期製造費用で，期首にあった仕掛品を完成し，期中に投入した材料を加工して製品を製造し，期末に仕掛品が残ります。

(4) 当期製品製造原価

　この製造原価明細書の目的は当期の製品の製造に投じられた原価を集計することです。その計算過程は次のように期首と期末の貸借対照表および損益計算書と有機的に結合しています。

　期首仕掛品棚卸高←前期の貸借対照表の資産の仕掛品計上額

　期末仕掛品棚卸高→当期の貸借対照表の資産の仕掛品計上額

　そして，この製造過程で副産物や中間品サンプル，大きな仕損品が発生したような場合には，この製造原価計算過程から除外するために他勘定振替という手続が追加されます。副産物はいったんは資産に計上されて外部に販売されますし，中間品サンプルは見本費等の費用に計上され，大きな仕損品はその処分損が損益計算書に計上されます。

　当期製造費用に期首仕掛品棚卸高を加算し，期末仕掛品棚卸高と他勘定振替高を差引いて当期製品製造原価を算出します。そして当期製品製造原価が当期の製品の製造価額になりますので，当期の売上原価の算式

に転記されます。売上原価の算出過程は，

　　　期首製品棚卸高＋当期製品製造原価－期末製品棚卸高＝売上原価

　この売上原価が損益計算書に，期首製品棚卸高は前期の貸借対照表の製品，期末製品棚卸高が当期の貸借対照表の製品になります。

2. 原価計算の重要性

　実は製造業を営む多くの中小企業で，この製造原価を計算する原価計算ができていないのです。筆者の実体験を再度お伝えしますが，かつて売上高25億円規模の電気製品を製造している会社に呼ばれたことがありました。毎年きちっと確定申告しており，所轄税務署から優良法人とのお墨付きをいただいているそうなのですが，資金繰りに窮して相談してきたのです。そこで数年間の損益計算書を概観したところ，売上高に対する売上原価がほぼ一定の80％前後で推移していました。製造している製品の種別は毎期変動しているとのことで，原価計算の方法を聞いてみましたら，そこでびっくりしたのです。原価計算は経験則で判断しており，過去の実績から売上高に対する原価率は80％なので，それに近い数値を毎期計上しているとのことでした。実は顧問税理士さんの指導とのことでした。貸借対照表の棚卸資産は毎期増加しているが，期末の実地棚卸はしていないので，実在するか否かはわからないとのことでした。早速棚卸資産の実地棚卸をしたところ，およそ３億円の製品が実在していないことが判明しました。毎期架空利益を計上しながら，多額の納税を続けていたのです。製造業で原価計算制度がないのは致命傷になります。

　原価計算は製造業に限ったものではなく，サービス業でも必要です。特に最近のソフト産業でも売上原価となるべき費用・支出を把握し，費用収益の対応を明確にする必要があるのは当然です。その他，キャンペ

ーンやイベント業務などの役務提供業務においても，売上高に対応すべき売上原価があるはずです。そこに原価計算が登場するのです。

　しかし，ここで注意しなければならないのは，最近多くで事業開発が著しいソフト産業です。この種の事業では役務提供を本業としており，提供する商品は無形のサービスです。この役務提供業務では物理的に物を製造していないので，目でみてその実在性を確認することができません。どこまでが売上高に対応する原価を構成するのかを慎重に判断しなければなりません。一方で，支出する費用の多くが単純に原価を構成すると解釈すると，その一部が期末に仕掛中，未完了ということで棚卸資産として貸借対照表に計上されることになります。その仕掛品に果たして資産性があるのかが疑わしくなります。販売費及び一般管理費と製造（サービス）原価の区分が重要になります。

3. 製造原価明細書の様式

製造原価明細書
自 平成〇〇年〇月〇日
至 平成〇〇年〇月〇日

(単位：円(又は千円))

項目	金額
Ⅰ　材料費	〇〇〇
期首材料棚卸高（＋）	〇〇〇
材料仕入高（＋）	〇〇〇
期末材料棚卸高（－）	〇〇〇
Ⅱ　労務費	〇〇〇
従業員給与	〇〇〇
従業員賞与	〇〇〇
従業員退職金	〇〇〇
法定福利費	〇〇〇
福利厚生費	〇〇〇
Ⅲ　経費	〇〇〇
外注加工費	〇〇〇
水道光熱費	〇〇〇
消耗工具器具備品費	〇〇〇
租税公課	〇〇〇
減価償却費	〇〇〇
修繕費	〇〇〇
保険料	〇〇〇
賃借料	〇〇〇
研究開発費	〇〇〇
その他	〇〇〇
当期製造費用　計	〇〇〇
期首仕掛品棚卸高（＋）	〇〇〇
合計	〇〇〇
期末仕掛品棚卸高（－）	〇〇〇
他勘定振替高（－）	〇〇〇
当期製品製造原価	〇〇〇

第7章　中小企業会計の計算書類の様式

販売費及び一般管理費の表示について

1. 販売費及び一般管理費の明細の内容

　当該事業年度内に発生した費用で，売上原価に対応するもの，財務費用などの営業外費用以外の費用および臨時損失や前期損益修正損などの特別損失を除く費用が，この販売費及び一般管理費に計上されます。

　販売費及び一般管理費を損益計算書に記載する際に，計上される各費用科目を列挙する記載方法があります。公開会社に適用される財務諸表等規則では，

　　「第85条　販売費及び一般管理費は，適当と認められる費目に分類し，当該費用を示す名称を付した科目をもって掲記しなければならない。

　　ただし，販売費の科目若しくは一般管理費の科目又は販売費及び一般管理費の科目に一括して掲記し，その主要な科目及びその金額を注記することを妨げない。」（財務諸表等規則第85条Ⅰ）

としており，損益計算書に販売費及び一般管理費の各勘定科目と金額を記載する表示方法を原則としています。

　一方で会社法で定める雛型では，販売費及び一般管理費を一括して損益計算書に記載する表示方法を示しています。

　中小会計要領では一括して表示する方法を示しており，その内訳をこの明細で表示することになります。雛型に列挙されている科目は代表的なものですが，この科目に該当しない費用は別途内容を示す名称を付して記載することになります。販売費と一般管理費の区分は，その発生部署や費用の要素によって分けることは可能ですが，さほど気にする必要はないでしょう。むしろ支出額の費用予算によって管理をしている場合

に，どの予算の執行になるのかを明らかにしておくべきでしょう。

2. 販売費及び一般管理費の明細の様式

販売費及び一般管理費の明細
自 平成○○年○月○日
至 平成○○年○月○日

(単位：円(又は千円))

項目	金額
販売手数料	○○○
荷造費	○○○
運搬費	○○○
広告宣伝費	○○○
見本費	○○○
保管費	○○○
役員報酬	○○○
役員賞与	○○○
役員退職金	○○○
従業員給与	○○○
従業員賞与	○○○
従業員退職金	○○○
法定福利費	○○○
福利厚生費	○○○
交際費	○○○
旅費交通費	○○○
通勤費	○○○
通信費	○○○
水道光熱費	○○○
事務用消耗品費	○○○
消耗工器具備品費	○○○
租税公課	○○○
図書費	○○○
減価償却費	○○○
修繕費	○○○
保険料	○○○
賃借料	○○○
寄付金	○○○
研究開発費	○○○
その他	○○○
合計	○○○

第7章 中小企業会計の計算書類の様式

チェックリスト

1. チェックリストとは

　このチェックリストは，中小企業が作成した計算書類（決算書）が「中小会計要領」に準拠しているか否かを，会計の専門家である公認会計士または税理士に検証を求めるために作成されたものです。

　検証結果を示す文章は，「私は，貴社の平成　　年　　月　　日から平成　　年　　月　　日までの事業年度における計算書類について，貴社から提供された情報を基にその計算書類の作成に関与し，「中小企業の会計に関する基本要領」（以下「中小会計要領」という。）の適用状況に関して，次のとおり確認を行いました。」と記載されます。

　このチェックリストでは，各勘定科目ごとに「中小会計要領」に準拠しているか否かを，YES or NOで示し，このチェックリストが添付されている計算書類の内容の確認を公認会計士または税理士が行うことになるのです。

2. チェックリスト

全国信用保証協会連合会作成 （様式1）

「中小企業の会計に関する基本要領」の適用に関するチェックリスト

【平成27年4月公表】

[会 社 名] _____

代表取締役 _____ 様

　私は、貴社の平成　年　月　日から平成　年　月　日までの事業年度における計算書類について、貴社から提供された情報を基にその計算書類の作成に関与し、「中小企業の会計に関する基本要領」（以下「中小会計要領」という。）の適用状況に関して、次のとおり確認を行いました。

　平成　年　月　日

　　　　　　　　　　　　　_____ 税理士会所属税理士・税理士法人登録番号_____
　　　　　　　　　　　　　　　　　　　　　　公認会計士・監査法人登録番号_____
　　　　　　　　　　　　　注）公認会計士及び税理士の両者に登録されている場合には、公認会計士登録番号、
　　　　　　　　　　　　　　　所属税理士会名及び税理士登録番号のすべてをご記入下さい。

　　　　　　　　　　　　　税 理 士
　　　　　　　　　　　　　公認会計士 _____ 印

　　　　　　　　　　　　　事務所の名称
　　　　　　　　　　　　　及び所在地 _____

　　　　　　　　　　　　　連絡先電話番号 （　　　　）　－

No.	勘定項目等	確認事項	残高等	チェック	
1	収益、費用の基本的な会計処理	収益は、原則として、製品、商品の販売又はサービスの提供を行い、かつ、これに対する現金及び預金、売掛金、受取手形等を取得した時に計上され、費用は、原則として、費用の発生原因となる取引が発生した時又はサービスの提供を受けた時に計上されているか。		YES	NO
		収益とこれに関連する費用は、両者を対応させて期間損益が計算されているか。		YES	NO
2	資産、負債の基本的な会計処理	資産は、原則として、取得価額で計上されているか。		YES	NO
		負債のうち、債務は、原則として、債務額で計上されているか。		YES	NO
3	金銭債権及び債務	預貯金は、残高証明書又は預金通帳等により残高が確認されているか。		YES	NO
		金銭債権がある場合、原則として、取得価額で計上されているか。	無	有	
				YES	NO
		金銭債務がある場合、原則として、債務額で計上されているか。	無	有	
				YES	NO
		受取手形割引額及び受取手形裏書譲渡額がある場合、これが貸借対照表の注記とされているか。	無	有	
				YES	NO
4	貸倒損失	法的に消滅した債権又は回収不能な債権がある場合、これらについて貸倒損失が計上されているか。	無	有	
				YES	NO
	貸倒引当金	回収不能のおそれのある債権がある場合、その回収不能見込額が貸倒引当金として計上されているか。	無	有	
				YES	NO
5	有価証券	有価証券がある場合、原則として、取得原価で計上され、売買目的の有価証券については、時価で計上されているか。	無	有	
				YES	NO
		時価が取得原価よりも著しく下落した有価証券を保有している場合、回復の見込みがあると判断されたときを除き、評価損が計上されているか。	無	有	
				YES	NO
6	棚卸資産	棚卸資産がある場合、原則として、取得原価で計上されているか。	無	有	
				YES	NO
		時価が取得原価よりも著しく下落した棚卸資産を保有している場合、回復の見込みがあると判断されたときを除き、評価損が計上されているか。	無	有	
				YES	NO

No.	勘定項目等	確認事項	残高等	チェック	
7	経過勘定	経過勘定がある場合、前払費用及び前受収益は、当期の損益計算に含まれず、また、未払費用及び未収収益は、当期の損益計算に反映されているか。 (注) 金額的に重要性の乏しいものについては、受け取った又は支払った期の収益又は費用として処理することも認められます。	無	有	
				YES	NO
8	固定資産	固定資産がある場合、原則として、取得原価で計上されているか。	無	有	
				YES	NO
		有形固定資産は、定率法、定額法等の方法に従い、無形固定資産は、原則として定額法により、相当の減価償却が行われているか。 (注)「相当の減価償却」とは、一般的に、耐用年数にわたって、毎期、規則的に減価償却を行うことが考えられます。	無	有	
				YES	NO
		固定資産について、災害等により著しい資産価値の下落が判明した場合は、相当の金額が評価損として計上されているか。	無	有	
				YES	NO
9	繰延資産	資産として計上した繰延資産がある場合、その効果の及ぶ期間で償却されているか。	無	有	
				YES	NO
		法人税法固有の繰延資産がある場合、長期前払費用等として計上され、支出の効果の及ぶ期間で償却されているか。	無	有	
				YES	NO
10	リース取引	リース取引に係る借手である場合、賃貸借取引又は売買取引に係る方法に準じて会計処理が行われているか。	無	有	
				YES	NO
11	引当金	将来の特定の費用又は損失で、発生が当期以前の事象に起因し、発生の可能性が高く、かつ、その金額を合理的に見積ることができる場合、賞与引当金や退職給付引当金等として計上されているか。 (注) 金額的に重要性の乏しいものについては、計上する必要はありません。	無	有	
				YES	NO
		中小企業退職金共済、特定退職金共済等が利用されている場合、毎期の掛金が費用処理されているか。	無	有	
				YES	NO
12	外貨建取引等	外貨建金銭債権債務がある場合、原則として、取引時の為替相場又は決算時の為替相場による円換算額で計上されているか。	無	有	
				YES	NO
		決算時の為替相場によった場合、取引時の円換算額との差額を為替差損益として損益処理されているか。	無	有	
				YES	NO
13	純資産	純資産のうち株主資本は、資本金、資本剰余金、利益剰余金から構成されているか。		YES	NO
		期末に自己株式を保有する場合、純資産の部の株主資本の末尾に自己株式として一括控除する形式で表示されているか。	無	有	
				YES	NO
14	注記	会社計算規則に基づき、重要な会計方針に係る事項、株主資本等変動計算書に関する事項等が注記されているか。		YES	NO
		会計処理の方法が変更された場合、変更された旨、合理的理由及びその影響の内容が注記されているか。	無	YES	NO
		中小会計要領に拠って計算書類が作成された場合、その旨の記載の有無を確認したか。		YES	NO
15		すべての取引につき正規の簿記の原則に従って記帳が行われ、適時に、整然かつ明瞭に、正確かつ網羅的に会計帳簿が作成されているか。		YES	NO
		中小会計要領で示していない会計処理の方法が行われている場合、その処理の方法は、企業の実態等に応じて、一般に公正妥当と認められる企業会計の慣行であるものを適用しているか。	無	YES	NO

① 「残高等」の欄については、該当する勘定項目等の残高がない場合又は「確認事項」に該当する事実がない場合は、「無」を〇で囲みます。「確認事項」に該当する場合において、中小会計要領に従って処理しているときは、「チェック」欄の「YES」を、中小会計要領に従って処理していないときは、「チェック」欄の「NO」を〇で囲みます。
② 「NO」の場合は、「所見」欄にその理由を記載します。
③ 「所見」欄には、上記のほか、会社の経営に関する姿勢、将来性、技術力等の内容を記載することもできます。

所 見	

3.「中小会計要領」の普及について

「中小会計要領」の普及のために下記の手当がなされています。

(1) 中小企業庁

各種の中小企業の振興策の適用を受けるため,「中小会計要領」に従った計算書類の提出を慫慂(しょうよう)しています。また,補助金交付の採択の際にも,提出された計算書類が「中小会計要領」に準拠したものであればそれを評価するとしています。

(2) 金融庁

金融庁が金融機関を検査する際に用いている「監督指針・金融検査マニュアル」において,金融機関の融資先である中小企業が「中小会計要領」を活用している場合にこれを評価するとしています。

(3) 政府系金融機関

日本政策金融公庫,商工組合中央金庫では,「中小会計要領」に準拠した計算書類を作成している中小企業に対する融資に優遇金利を適用しています。

また,信用保証協会では融資に係る保証料の割引をしています。

(4) 民間金融機関

融資先である中小企業に対して,自らの経営の目標や課題,経営状況の適正な認識を促すため,必要に応じて「中小会計要領」の活用を勧めています。

4. 保証料の割引申請と「中小会計要領」の活用

　中小企業が「中小会計要領」に準拠することによりメリットは前述のとおりですが，信用保証協会に対する具体的な要望手続に要する文書の雛型を次ページに掲載しています。

　ここでは保証を受ける中小企業名で提出する「確認事項」と，提出する計算書類が「中小会計要領」に準拠しているか否かをチェックしたチェックリストの内容に係る「個人情報の取扱い等に関する同意事項」に関して，署名または記名し捺印をすることになります。

（様式2）

「中小企業の会計に関する基本要領」に基づく保証料割引制度の利用に関する確認・同意書

＿＿＿＿＿＿信用保証協会　殿

「『中小企業の会計に関する基本要領』の適用に関するチェックリスト」確認事項

　私は、平成＿＿年＿＿月＿＿日から平成＿＿年＿＿月＿＿日までの事業年度における自社の計算書類に関し、私が提供した自社の会計に係る原始記録、会計帳簿等を基にその計算書類の作成に関与した税理士（税理士法人）又は公認会計士（監査法人）に、「『中小企業の会計に関する基本要領』の適用に関するチェックリスト」（以下「チェックリスト」という。）を用いた同要領への適用状況の確認を依頼したところ、当該税理士又は公認会計士より別紙のとおり、チェックリストを受領し、その適用状況を確認しました。
　ついては、「中小企業の会計に関する基本要領」に基づく保証料割引制度を利用いたしたく、チェックリストを提出いたします。

平成　　年　　月　　日　　　企　業　名＿＿＿＿＿＿＿＿＿＿＿＿＿＿＿＿＿＿＿
　　　　　　　　　　　　　　代表取締役
　　　　　　　　　　　　　　氏　　　名＿＿＿＿＿＿＿＿＿＿＿＿＿＿＿＿＿＿＿
　　　　　　　　　　　　　　　　　　　注）代表取締役の自署によりご記入下さい。

個人情報の取扱い等に関する同意事項

1　個人情報の取扱いに係る同意
　私は、貴協会が別紙（企業名）＿＿＿＿＿＿＿＿＿殿の平成＿＿年＿＿月＿＿日から平成＿＿年＿＿月＿＿日までの事業年度における計算書類について確認したチェックリスト及びこの同意事項に記載された私の氏名、事務所の名称及び所在地、連絡先電話番号、所属税理士会名、税理士登録番号若しくは税理士法人番号又は公認会計士登録番号若しくは監査法人登録番号を、本割引制度の適切な運用のために必要な範囲で利用することに同意します。

2　チェックリストに事実と異なる記載があると信用保証協会が判断した場合における個人情報の取扱いに係る同意
　私は、チェックリストに事実と異なる記載があると信用保証協会が判断した場合、私の氏名、事務所の名称及び所在地、連絡先電話番号、所属税理士会名、税理士登録番号若しくは税理士法人番号又は公認会計士登録番号若しくは監査法人登録番号を、本割引制度の適切な運用のため、日本税理士会連合会及び所属税理士会又は日本公認会計士協会、中小企業庁及び一般社団法人全国信用保証協会連合会並びに貴協会以外の信用保証協会に提供されることに同意します。

平成　　年　　月　　日　　　＿＿＿＿＿＿税理士会所属税理士・税理士法人登録番号＿＿＿＿＿＿＿
　　　　　　　　　　　　　　　　　　　　公認会計士・監査法人登録番号＿＿＿＿＿＿＿＿＿
　　　　　　　　　　　　　　　　　　　　　注）公認会計士及び税理士の両者に登録されている場合には、公認会計士登録番号、
　　　　　　　　　　　　　　　　　　　　　　所属税理士会名及び税理士登録番号のすべてをご記入下さい。

　　　　　　　　　　　　　　税　理　士
　　　　　　　　　　　　　　公認会計士　＿＿＿＿＿＿＿＿＿＿＿＿＿＿＿＿　印

（注意事項）
・割引の対象とならない保証制度が一部あります。
・チェックリストに事実と異なる記載があると信用保証協会が判断する場合は、保証料割引を行わないこととします。
　また、事実と異なる記載があると信用保証協会が判断するチェックリストが、複数回にわたり同一の税理士・税理士法人、公認会計士・監査法人（以下、「税理士等」という。）から提出された場合において、当該税理士等から提出されるチェックリストの添付をもって、計算書類の信頼性向上に寄与することが認められないと信用保証協会が判断するときは、当該税理士等が確認したチェックリストについては、本割引制度の利用を1年間認めないこととします。

資料

「中小企業の会計に関する基本要領」

(中小企業の会計に関する検討会・平成24年2月1日)

【目次】

Ⅰ．総論
　1．目的
　2．本要領の利用が想定される会社
　3．企業会計基準，中小指針の利用
　4．複数ある会計処理方法の取扱い
　5．各論で示していない会計処理等の取扱い
　6．国際会計基準との関係
　7．本要領の改訂
　8．記帳の重要性
　9．本要領の利用上の留意事項

Ⅱ．各論
　1．収益，費用の基本的な会計処理（様式集対応：損益計算書全般）
　2．資産，負債の基本的な会計処理（様式集対応：貸借対照表全般）
　3．金銭債権及び金銭債務（様式集対応勘定科目：貸借対照表①）
　4．貸倒損失，貸倒引当金（様式集対応勘定科目：貸借対照表②，【記載上の注意】「4.」，個別注記表「2.(3)」）
　5．有価証券（様式集対応勘定科目：貸借対照表③，【記載上の注意】「5.」）
　6．棚卸資産（様式集対応勘定科目：貸借対照表④）
　7．経過勘定（様式集対応勘定科目：貸借対照表⑤）
　8．固定資産（様式集対応勘定科目：貸借対照表⑥，【記載上の注意】「6.」）
　9．繰延資産（様式集対応勘定科目：貸借対照表⑦）
　10．リース取引（様式集対応勘定科目：【記載上の注意】「7.」，個別注記表「2.(4)①」）
　11．引当金（様式集対応勘定科目：貸借対照表⑧，個別注記表「2.(3)」）
　12．外貨建取引等（様式集対応勘定科目：該当なし）
　13．純資産（様式集対応勘定科目：【記載上の注意】「3.」）
　14．注記（様式集対応：個別注記表全般）

Ⅲ．様式集
　・貸借対照表
　・損益計算書
　・記載上の注意
　・株主資本等変動計算書（横形式）
　・株主資本等変動計算書（縦形式）
　・個別注記表
　・製造原価明細書
　・販売費及び一般管理費の明細

I．総　論
1．目的
(1) 「中小企業の会計に関する基本要領」（以下「本要領」という。）は，中小企業の多様な実態に配慮し，その成長に資するため，中小企業が会社法上の計算書類等を作成する際に，参照するための会計処理や注記等を示すものである。
(2) 本要領は，計算書類等の開示先や経理体制等の観点から，「一定の水準を保ったもの」とされている「中小企業の会計に関する指針」[1]（以下「中小指針」という。）と比べて簡便な会計処理をすることが適当と考えられる中小企業を対象に，その実態に即した会計処理のあり方を取りまとめるべきとの意見を踏まえ，以下の考えに立って作成されたものである。
  ・中小企業の経営者が活用しようと思えるよう，理解しやすく，自社の経営状況の把握に役立つ会計
  ・中小企業の利害関係者（金融機関，取引先，株主等）への情報提供に資する会計
  ・中小企業の実務における会計慣行を十分考慮し，会計と税制の調和を図った上で，会社計算規則に準拠した会計
  ・計算書類等の作成負担は最小限に留め，中小企業に過重な負担を課さない会計

2．本要領の利用が想定される会社[2]
(1) 本要領の利用は，以下を除く株式会社が想定される。
  ・金融商品取引法の規制の適用対象会社
  ・会社法上の会計監査人設置会社
  （注）中小指針では，「とりわけ，会計参与設置会社が計算書類を作成する際には，本指針に拠ることが適当である。」とされている。
(2) 特例有限会社，合名会社，合資会社又は合同会社についても，本要領を利用することができる。

3．企業会計基準，中小指針の利用
本要領の利用が想定される会社において，金融商品取引法における一般に公正妥当と認められる企業会計の基準（以下「企業会計基準」という。）や中小指針に基づいて計算書類等を作成することを妨げない。

4．複数ある会計処理方法の取扱い
(1) 本要領により複数の会計処理の方法が認められている場合には，企業の実態等に応じて，適切な会計処理の方法を選択して適用する。
(2) 会計処理の方法は，毎期継続して同じ方法を適用する必要があり，これを変更するに当たっては，合理的な理由を必要とし，変更した旨，その理由及び影響の内容を注記する。

5．各論で示していない会計処理等の取扱い
本要領で示していない会計処理の方法が必要になった場合には，企業の実態等に応じて，企業会計基準，中小指針，法

1　平成17年8月，日本公認会計士協会，日本税理士会連合会，日本商工会議所及び企業会計基準委員会の4団体により策定された中小企業の会計処理等に関する指針。
2　本要領は法令等によってその利用が強制されるものではないことから，「利用が想定される会社」という表現としている。

人税法で定める処理のうち会計上適当と認められる処理，その他一般に公正妥当と認められる企業会計の慣行の中から選択して適用する。

6．国際会計基準との関係

本要領は，安定的に継続利用可能なものとする観点から，国際会計基準の影響を受けないものとする。

7．本要領の改訂

本要領は，中小企業の会計慣行の状況等を勘案し，必要と判断される場合に，改訂を行う。

8．記帳の重要性

本要領の利用にあたっては，適切な記帳が前提とされている。経営者が自社の経営状況を適切に把握するために記帳が重要である。記帳は，すべての取引につき，正規の簿記の原則に従って行い，適時に，整然かつ明瞭に，正確かつ網羅的に会計帳簿を作成しなければならない。

9．本要領の利用上の留意事項

本要領の利用にあたっては，上記1．～8．とともに以下の考え方にも留意する必要がある。
①企業会計は，企業の財政状態及び経営成績に関して，真実な報告を提供するものでなければならない。（真実性の原則）
②資本取引と損益取引は明瞭に区別しなければならない。（資本取引と損益取引の区分の原則）
③企業会計は，財務諸表によって，利害関係者に対し必要な会計事実を明瞭に表示し，企業の状況に関する判断を誤らせないようにしなければならない。（明瞭性の原則）
④企業の財政に不利な影響を及ぼす可能性がある場合には，これに備えて適当に健全な会計処理をしなければならない。（保守主義の原則）
⑤株主総会提出のため，信用目的のため，租税目的のため等種々の目的のために異なる形式の財務諸表を作成する必要がある場合，それらの内容は，信頼しうる会計記録に基づいて作成されたものであって，政策の考慮のために事実の真実な表示をゆがめてはならない。（単一性の原則）
⑥企業会計の目的は，企業の財務内容を明らかにし，企業の経営状況に関する利害関係者の判断を誤らせないようにすることにある。このため，重要性の乏しいものについては，本来の会計処理によらないで，他の簡便な方法により処理することも認められる。（重要性の原則）

Ⅱ．各論

1．収益，費用の基本的な会計処理

(1) 収益は，原則として，製品，商品の販売又はサービスの提供を行い，かつ，これに対する現金及び預金，売掛金，受取手形等を取得した時に計上する。
(2) 費用は，原則として，費用の発生原因となる取引が発生した時又はサービスの提供を受けた時に計上する。
(3) 収益とこれに関連する費用は，両者を対応させて期間損益を計算する。
(4) 収益及び費用は，原則として，総額で計上し，収益の項目と費用の項目とを直接に相殺することによってその全部又は一部を損益計算書から除去してはならない。

【解説】

　企業の利益は，一定の会計期間における収益から費用を差し引いたものであり，収益と費用をどのように計上するかが重要となります。

　ここで，収益と費用は，現金及び預金の受け取り又は支払いに基づき計上するのではなく，その発生した期間に正しく割り当てられるように処理することが必要となります。

　収益のうち，企業の主たる営業活動の成果を表す売上高は，(1)にあるように，製品，商品の販売又はサービスの提供を行い，かつ，これに対する対価（現金及び預金，売掛金，受取手形等）を受け取った時（売掛金の場合には，発生した時）に認識するのが原則的な考え方です（一般に「実現主義」といいます）。実務上，製品や商品の販売の場合には，売上高は，製品や商品を出荷した時に計上する方法が多く見られますが，各々の企業の取引の実態に応じて，決定することとなります。

　一方，費用については，(2)にあるように，現金及び預金の支払いではなく，費用の発生原因となる取引が発生した時又はサービスの提供を受けた時に認識するのが原則的な考え方です（一般に「発生主義」といいます。）。

　ここで，適正な利益を計算するために，費用の計上は，(3)にあるように，一定の会計期間において計上した収益と対応させる考え方も必要となります。例えば，販売した製品や商品の売上原価は，売上高に対応させて費用として計上することが必要になります。

　なお，(4)にあるように，収益と費用は原則として総額で計上する必要があります。例えば，賃借している建物を転貸する場合は，受取家賃と支払家賃の双方を計上することとなります。

```
2．資産，負債の基本的な会計処理
(1) 資産は，原則として，取得価額で
    計上する。
(2) 負債のうち，債務は，原則とし
    て，債務額で計上する。
```

【解説】

　資産には，金銭債権，有価証券，棚卸資産，固定資産等が含まれますが，これらは原則として，(1)にあるように，取得価額，すなわち，資産を取得するために要した金額を基礎として，貸借対照表に計上します（一般に「取得原価主義」といいます。）。したがって，取得した後の時価の変動は，原則として，会計帳簿に反映されません。

　なお，「取得価額」とは資産の取得又は製造のために要した金額のことをいい，例えば，購入品であれば，購入金額に付随費用を加えた金額をいいます。また，「取得原価」は取得価額を基礎として，適切に費用配分した後の金額のことをいい，例えば，棚卸資産であれば，総平均法等により費用配分した後の金額をいいます。

　一方，負債には，金銭債務や引当金等が含まれますが，このうち債務については，(2)にあるように，債務を弁済するために将来支払うべき金額，すなわち債務額で貸借対照表に計上します。

```
3．金銭債権及び金銭債務
(1) 金銭債権は，原則として，取得価
    額で計上する。
(2) 金銭債務は，原則として，債務額
    で計上する。
(3) 受取手形割引額及び受取手形裏書
    譲渡額は，貸借対照表の注記とする。
```

【解説】

受取手形，売掛金，貸付金等の金銭債権は，(1)にあるように，原則として，取得価額で計上します。

なお，社債を額面金額未満で購入する場合には，決算において，額面金額と取得価額との差額を購入から償還までの期間で按分して受取利息として計上するとともに，貸借対照表の金額を増額させることができます。

また，支払手形，買掛金，借入金等の金銭債務は，(2)にあるように，原則として，債務額で計上します。

ただし，社債を額面金額未満で発行する場合，額面金額（債務額）と発行額が異なることとなります。この場合は，発行時に発行額で貸借対照表の負債に計上し，決算において，額面金額と発行額との差額を発行から償還までの期間で按分して支払利息として計上するとともに，貸借対照表の金額を増額させることができます。

なお，取得価額で計上した受取手形を取引金融機関等で割り引いたり，裏書きをして取引先に譲渡した場合は，この受取手形は貸借対照表に計上されなくなりますが，経営者や金融機関が企業の資金繰り状況を見る上で，受取手形の割引額や裏書譲渡額の情報は重要であるため，受取手形割引額及び受取手形裏書譲渡額は注記することとなります。

4．貸倒損失，貸倒引当金
(1) 倒産手続き等により債権が法的に消滅したときは，その金額を貸倒損失として計上する。
(2) 債務者の資産状況，支払能力等からみて回収不能な債権については，その回収不能額を貸倒損失として計上する。
(3) 債務者の資産状況，支払能力等からみて回収不能のおそれのある債権については，その回収不能見込額を貸倒引当金として計上する。

【解説】

受取手形，売掛金，貸付金等の金銭債権については，決算時に，以下のように貸倒れの可能性について検討する必要があります。

○破産など，倒産手続き等により債権が法的に消滅した場合
　(1)にあるように，顧客や貸付先の倒産手続き等によって，又は債務の免除によって，債権が法的に消滅したときには，その消滅した金額を債権の計上額から直接減額するとともに，貸倒損失として費用に計上する必要があります。

○債務者の資産状況，支払能力等からみて債権が回収不能と見込まれる場合
　法的に債権が消滅していないものの，(2)にあるように，その債務者の資産状況や支払能力等からみて，回収不能と見込まれる債権は，その金額を債権の計上額から直接減額するとともに，貸倒損失として費用に計上する必要があります。これには，債務者が相当期間債務超過の状態にあり，弁済することができないことが明らかである場合等が考えられます。

○債務者の資産状況，支払能力等からみて債権が回収不能のおそれがある場合
　未だ回収不能な状況とはなっていないものの，債務者の資産状況や支払能力等からみて，回収不能のおそれがある債権については，(3)にあるように，回収不能と見込まれる金額で貸倒引当金を計上し，貸倒引当金繰入額を費用として計上します。

なお，決算期末における貸倒引当金の計算方法としては，債権全体に対して法人税法上の中小法人に認められている法定繰入率で算定することが実務上考えられます。また，過去の貸倒実績率で引当金額を見積る方法等も考えられます。

5．有価証券
(1) 有価証券は，原則として，取得原価で計上する。
(2) 売買目的の有価証券を保有する場合は，時価で計上する。
(3) 有価証券の評価方法は，総平均法，移動平均法等による。
(4) 時価が取得原価よりも著しく下落したときは，回復の見込みがあると判断した場合を除き，評価損を計上する。

【解説】
　有価証券は，(3)にあるように，総平均法，移動平均法等により，期末の金額（取得原価）を計算します。

　(1)にあるように，期末の有価証券は，原則として，取得原価で計上します。ただし，(2)にあるとおり，短期間の価格変動により利益を得る目的で相当程度の反復的な購入と売却が行われる，法人税法の規定にある売買目的有価証券は，時価で計上します（上場株式であることが想定されます。）。

　取得原価で評価した有価証券については，時価が取得原価よりも著しく下落したときは，回復の見込みがあるかないかを判断します。ここで，(4)にあるように，回復の見込みがあると判断した場合を除き，評価損を計上することが必要となります。

　著しく下落したときとは，個々の銘柄の有価証券の時価が取得原価に比べて50％程度以上下落した場合には，該当するものと考えられます。有価証券の時価は，上場株式のように市場価格があるものについては容易に把握できますが，非上場株式については，一般的には把握することが難しいものと考えられます。時価の把握が難しい場合には，時価が取得原価よりも著しく下落しているかどうかの判断が困難になると考えられますが，例えば，大幅な債務超過等でほとんど価値がないと判断できるものについては，評価損の計上が必要と考えられます。

6．棚卸資産
(1) 棚卸資産は，原則として，取得原価で計上する。
(2) 棚卸資産の評価基準は，原価法又は低価法による。
(3) 棚卸資産の評価方法は，個別法，先入先出法，総平均法，移動平均法，最終仕入原価法，売価還元法等による。
(4) 時価が取得原価よりも著しく下落したときは，回復の見込みがあると判断した場合を除き，評価損を計上する。

【解説】
　商品，製品，半製品，仕掛品，原材料等の棚卸資産は，購入金額に付随費用を加えた購入時の金額（取得価額）に基づき，また，製造業の場合は，製品製造のために使用した材料費，労務費及び製造経費を積算し，取得原価を計算します。また，(3)にあるように，個別法，先入先出法，総平均法，移動平均法，最終仕入原価法，売価還元法等により期末の金額（取得原価）を計算します。

　(1)にあるように，棚卸資産は，原則として，取得原価で計上します。(2)では，棚卸資産の評価基準は，原価法又は低価法によるとされていますが，原価法とは，取得原

価により期末棚卸資産を評価する方法で，低価法とは，期末における時価が取得原価よりも下落した場合に，時価によって評価する方法です。

原価法により評価した場合であっても，時価が取得原価よりも著しく下落したときは，回復の見込みがあるかないかを判断します。ここで，(4)にあるように，回復の見込みがあると判断した場合を除き，評価損を計上することが必要となります。

棚卸資産の時価は，商品，製品等については，個々の商品等ごとの売価か最近の仕入金額により把握することが考えられます。

時価を把握することが難しい場合には，時価が取得原価よりも著しく下落しているかどうかの判断が困難になると考えられますが，例えば，棚卸資産が著しく陳腐化したときや，災害により著しく損傷したとき，あるいは，賞味期限切れや雨ざらし等でほとんど価値がないと判断できるものについては，評価損の計上が必要と考えられます。

7．経過勘定
(1) 前払費用及び前受収益は，当期の損益計算に含めない。
(2) 未払費用及び未収収益は，当期の損益計算に反映する。

【解説】
経過勘定は，サービスの提供の期間とそれに対する代金の授受の時点が異なる場合に，その差異を処理する勘定科目です。損益計算書に計上される費用と収益は，現金の受払額ではなく，その発生した期間に正しく割当てる必要があるからです。

経過勘定には，「前払費用」，「前受収益」，「未払費用」及び「未収収益」があります。その内容は表1のとおりです。

「前払費用」と「前受収益」は，翌期以降においてサービスの提供を受けた，もしくは提供した時点で費用又は収益となるため，(1)にあるように，当期の損益計算には含めないことになります。

「未払費用」と「未収収益」は，当期において既にサービスの提供を受けている，もしくは提供しているので，(2)にあるように，当期の損益計算に反映することになります。

なお，金額的に重要性の乏しいものについては，受け取った又は支払った期の収益又は費用として処理することも認められます。

〈表1〉

	内容	具体例
前払費用	決算期末においていまだ提供を受けていないサービスに対して支払った対価	前払いの支払家賃や支払保険料，支払利息等
前受収益	決算期末においていまだ提供していないサービスに対して受け取った対価	前受けの家賃収入や受取利息等
未払費用	既に提供を受けたサービスに対して，決算期末においていまだその対価を支払っていないもの	後払いの支払家賃や支払利息，従業員給料等
未収収益	既に提供したサービスに対して，決算期末においていまだその対価を受け取っていないもの	後払いの家賃収入や受取利息等

8．固定資産
(1) 固定資産は，有形固定資産（建物，機械装置，土地等），無形固定資産（ソフトウェア，借地権，特許権，のれん等）及び投資その他の資産に分類する。
(2) 固定資産は，原則として，取得原価で計上する。
(3) 有形固定資産は，定率法，定額法等の方法に従い，相当の減価償却を行う。
(4) 無形固定資産は，原則として定額法により，相当の減価償却を行う。
(5) 固定資産の耐用年数は，法人税法に定める期間等，適切な利用期間とする。
(6) 固定資産について，災害等により著しい資産価値の下落が判明したときは，評価損を計上する。

【解説】

固定資産は，長期間にわたり企業の事業活動に使用するために所有する資産であり，(1)にあるように，有形固定資産，無形固定資産及び投資その他の資産に分類されます。

固定資産の取得価額は，購入金額に引取費用等の付随費用を加えて計算します。

(2)にあるように，固定資産は，原則として，取得原価で計上します。

建物や機械装置等の有形固定資産は，通常，使用に応じてその価値が下落するため，一定の方法によりその使用可能期間（耐用年数）にわたって減価償却費を計上する必要があります。具体的には，(3)にあるように，定率法，定額法等の方法に従い，相当の減価償却を行うことになります。

定額法とは，毎期一定の額で償却する方法であり，定率法とは，毎期一定の率で償却する方法です。法人税法に定められた計算方法によることができます。

減価償却は，固定資産の耐用年数にわたって行います。実務上は，(5)にあるように，法人税法に定める期間を使うことが一般的です。ただし，その資産の性質，用途，使用状況等を考慮して，適切な利用期間を耐用年数とすることも考えられます。

有形固定資産と同様の考え方により，無形固定資産は，(4)にあるように，原則として定額法により，相当の減価償却を行うことになります。

「相当の減価償却」とは，一般的に，耐用年数にわたって，毎期，規則的に減価償却を行うことが考えられます。

なお，減価償却により毎期，費用を計上していても，例えば，災害にあったような場合等予測することができない著しい資産価値の下落が生じる場合があります。このような場合には，(6)にあるように，相当の金額を評価損として計上する必要があります。

9．繰延資産
(1) 創立費，開業費，開発費，株式交付費，社債発行費及び新株予約権発行費は，費用処理するか，繰延資産として資産計上する。
(2) 繰延資産は，その効果の及ぶ期間にわたって償却する。

【解説】

繰延資産は，対価の支払いが完了し，これに対応するサービスの提供を受けたにもかかわらず，その効果が将来にわたって生じるものと期待される費用をいいます。繰延資産は，(1)にあるように，創立費，開業費，開発費，株式交付費，社債発行費及び新株予約権発行費が該当します。

これらの項目については，費用として処理する方法のほか，繰延資産として貸借対照表に資産計上する方法も認められています。資産計上した繰延資産は，(2)にあるように，その効果の及ぶ期間にわたって償却

する必要があります。具体的な償却期間は，表2のとおりです。

資産計上した繰延資産について，支出の効果が期待されなくなったときには，資産の価値が無くなっていると考えられるため，一時に費用処理する必要があります。

なお，法人税法固有の繰延資産については，会計上の繰延資産には該当しません。そのため，固定資産（投資その他の資産）に「長期前払費用」として計上することが考えられます。「法人税法固有の繰延資産」とは以下に記載するような費用で，効果が支出の日以後一年以上に及ぶものが該当します。

- イ 自己が便益を受ける公共的施設又は共同的施設の設置又は改良のために支出する費用
- ロ 資産を賃借し又は使用するために支出する権利金，立退料その他の費用
- ハ 役務の提供を受けるために支出する権利金その他の費用
- ニ 製品等の広告宣伝の用に供する資産を贈与したことにより生ずる費用
- ホ イからニまでに掲げる費用のほか，自己が便益を受けるために支出する費用

〈表2〉

繰延資産	償却期間
創立費	5年以内
開業費	
開発費	
株式交付費	3年以内
新株予約権発行費	
社債発行費	社債の償還までの期間

10．リース取引
リース取引に係る借手は，賃貸借取引又は売買取引に係る方法に準じて会計処理を行う。

【解説】
一般に，機器等の資産を賃借する場合，リース会社等からリースを行うケースと，例えばコピー機を短期間借り受けるケースが考えられます。本文の「リース取引」は，前者を想定しています。

リース取引の会計処理には，賃貸借取引に係る方法と，売買取引に係る方法に準じて会計処理する方法の二種類があります。

賃貸借取引に係る方法とは，リース期間の経過とともに，支払リース料を費用処理する方法です。

一方，売買取引に係る方法に準じた会計処理とは，リース取引を通常の売買取引と同様に考える方法であり，金融機関等から資金の借入を行って資産を購入した場合と同様に扱うこととなります。つまり，リース対象物件を「リース資産」として貸借対照表の資産に計上し，借入金に相当する金額を「リース債務」として負債に計上することとなります。また，リース資産は，一般的に定額法で減価償却を行うこととなります。

賃貸借取引に係る方法で会計処理を行った場合，将来支払うべき金額が貸借対照表に計上されないため，金額的に重要性があるものについては，期末時点での未経過のリース料を注記することが望ましいと考えられます。

11．引当金
(1) 以下に該当するものを引当金として，当期の負担に属する金額を当期の費用又は損失として計上し，当該引当金の残高を貸借対照表の負債の部又は資産の部に記載する。
・将来の特定の費用又は損失である

こと
・発生が当期以前の事象に起因すること
・発生の可能性が高いこと
・金額を合理的に見積ることができること
(2) 賞与引当金については，翌期に従業員に対して支給する賞与の見積額のうち，当期の負担に属する部分の金額を計上する。
(3) 退職給付引当金については，退職金規程や退職金等の支払いに関する合意があり，退職一時金制度を採用している場合において，当期末における退職給付に係る自己都合要支給額を基に計上する。
(4) 中小企業退職金共済，特定退職金共済，確定拠出年金等，将来の退職給付について拠出以後に追加的な負担が生じない制度を採用している場合においては，毎期の掛金を費用処理する。

【解説】
　引当金は，未払金等の確定した債務ではないものの，(1)の4つの要件を満たす場合には，財政状態を適正に表示するために，負債の計上（又は，資産からの控除）が必要であると考えられ，合理的に見積って計上することとなります。
　具体的には貸倒引当金（前掲「4.貸倒損失，貸倒引当金」参照），賞与引当金，退職給付引当金，返品調整引当金等の引当金があります。
　なお，金額的に重要性が乏しいものについては，計上する必要はありません。

〈賞与引当金〉
　賞与引当金については，翌期に従業員に対して支給する賞与の支給額を見積り，当期の負担と考えられる金額を引当金として費用計上します。具体的には，決算日後に支払われる賞与の金額を見積り，当期に属する分を月割りで計算して計上する方法が考えられます。なお，下記の〈参考〉に記載している算式は，従来，法人税法で用いられていた算式であり，これも一つの方法として考えられます。

〈退職給付引当金〉
　従業員との間に退職金規程や退職金等の支払いに関する合意がある場合，企業は従業員に対して退職金に係る債務を負っているため，当期の負担と考えられる金額を退職給付引当金として計上します。

　(3)にあるように，「退職一時金制度」を採用している場合には，決算日時点で，従業員全員が自己都合によって退職した場合に必要となる退職金の総額を基礎として，例えば，その一定割合を退職給付引当金として計上する方法が考えられます。
　また，(4)にあるように，外部の機関に掛金を拠出し，将来に追加的な退職給付に係る負担が見込まれない制度を採用している場合には，毎期の掛金を費用として処理し，退職給付引当金は計上されません。

〈参考〉支給対象期間基準の算式

$$繰入額 = \left[前1年間の1人当たりの使用人等に対する賞与支給額 \times \frac{当期の月額}{12} - 当期において期末在職使用人等に支給した賞与の額で当期に対応するものの1人当たりの賞与支給額 \right] \times 期末在職使用人等の数$$

> 12. 外貨建取引等
> (1) 外貨建取引（外国通貨建で受け払いされる取引）は，当該取引発生時の為替相場による円換算額で計上する。
> (2) 外貨建金銭債権債務については，取得時の為替相場又は決算時の為替相場による円換算額で計上する。

【解説】

　外貨建取引とは，決済が円以外の外国通貨で行われる取引をいいます。

　例えば，ドル建で輸出を行った場合，ドル建の売上金額に，取引を行った時のドル為替相場を乗じて円換算し，売上高と売掛金を計上します。

　この場合の，取引発生時のドル為替相場は，取引が発生した日の為替相場のほか，前月の平均為替相場等直近の一定期間の為替相場や，前月末日の為替相場等直近の一定の日の為替相場を利用することが考えられます。

　また，上記のドル建の売上取引に関する売掛金が，期末時点でも残っている場合は，貸借対照表に記載する金額は，取引を行った時のドル為替相場による円換算額か，決算日の為替相場による円換算額かのいずれかで計上します。

　なお，決算日の為替相場のほか，決算日の前後一定期間の平均為替相場を利用することも考えられます。

　為替予約を行っている場合には，外貨建取引及び外貨建金銭債権債務について，決済時における確定の円換算額で計上することができます。

　決算日の為替相場によった場合には，取引を行った時のドル為替相場による円換算額との間に差額が生じますが，これは為替差損益として損益処理します。

> 13. 純資産
> (1) 純資産とは，資産の部の合計額から負債の部の合計額を控除した額をいう。
> (2) 純資産のうち株主資本は，資本金，資本剰余金，利益剰余金等から構成される。

【解説】

　純資産とは，(1)にあるように，資産の部の合計額から負債の部の合計額を控除した額をいい，そのうちの株主資本は，(2)にあるように，資本金，資本剰余金，利益剰余金等から構成されます。

　資本金及び資本剰余金は，原則として，株主から会社に払い込まれた金額をいいます。資本剰余金は，会社法上，株主への分配が認められていない資本準備金と，認められているその他資本剰余金に区分されます。設立又は株式の発行に際して，株主から会社に払い込まれた金額は，資本金に計上しますが，会社法の規定に基づき，払込金額の2分の1を超えない額については，資本金に組み入れず，資本剰余金のうち資本準備金として計上することができます。

　利益剰余金は，原則として，各期の利益の累計額から株主への配当等を控除した金額をいいます。利益剰余金は，会社法上，株主への分配が認められていない利益準備金と，認められているその他利益剰余金に区分されます。また，その他利益剰余金は，任意積立金と繰越利益剰余金に区分されます。

　配当を行った場合，会社法の規定により

一定額を資本準備金又は利益準備金に計上する必要があります。

各期の利益の累計額から株主への配当等を控除した金額は，繰越利益剰余金に計上されますが，株主総会又は取締役会の決議により任意積立金を設定することができます。

また，期末に保有する自己株式は，純資産の部の株主資本の末尾に自己株式として一括して控除する形式で表示します。

---

14. 注記
(1) 会社計算規則に基づき，重要な会計方針に係る事項，株主資本等変動計算書に関する事項等を注記する。
(2) 本要領に拠って計算書類を作成した場合には，その旨を記載する。

【解説】
決算書は，経営者が，企業の経営成績や財政状態を把握するとともに，企業の外部の利害関係者に経営成績や財政状態を伝える目的で作成しますが，貸借対照表や損益計算書の情報を補足するために，一定の注記を記載する必要があります。

(1)に挙げられている重要な会計方針に係る事項は，有価証券や棚卸資産の評価基準及び評価方法，固定資産の減価償却の方法，引当金の計上基準等を記載します。

株主資本等変動計算書に関する注記は，決算期末における発行済株式数や配当金額等を記載します。

(1)で挙げられた項目以外として，会計方針の変更又は表示方法の変更もしくは誤謬の訂正を行ったときには，その変更内容等を記載します。

また，本要領では，貸借対照表に関する注記として，「受取手形割引額及び受取手形裏書譲渡額」を注記することとしています。「未経過リース料」についても注記することが望まれます。

その他貸借対照表，損益計算書及び株主資本等変動計算書により会社の財産又は損益の状態を正確に判断するために必要な事項を注記します。例えば，担保資産に関する注記が考えられます。

このほか，その企業がどのような会計ルールを適用しているかという情報は，利害関係者にとってその企業の経営成績や財政状態を判断する上で重要な情報であり，(2)にあるように，本要領に拠って計算書類を作成した場合には，その旨を記載することが考えられます。この記載は，利害関係者に対して，決算書の信頼性を高める効果も期待されます。

Ⅲ．様式集

貸借対照表
（平成〇〇年〇月〇日現在）

（単位：円（又は千円））

項目	金額	項目	金額	
（資産の部）		（負債の部）		
Ⅰ　流動資産		Ⅰ　流動負債		
現金及び預金	〇〇	支払手形	〇〇	
①⎰受取手形	〇〇	買掛金	〇〇	
⎱売掛金	〇〇	①⎰短期借入金	〇〇	
③　有価証券	〇〇	⎱未払金	〇〇	
⎡製品及び商品	〇〇	⎰預り金	〇〇	
④⎨仕掛品	〇〇	⑤　未払費用	〇〇	
⎣原材料及び貯蔵品	〇〇	①　未払法人税等	〇〇	
①　短期貸付金	〇〇	⑤　前受収益	〇〇	
⑤⎰前払費用	〇〇	⑧　賞与引当金	〇〇	
⎱未収収益	〇〇	その他	〇〇	
その他	〇〇	流動負債合計	〇〇〇	
②　貸倒引当金	△〇〇			
流動資産合計	〇〇〇	Ⅱ　固定負債		
		①⎰社債	〇〇	
Ⅱ　固定資産　・・・⑥		⎱長期借入金	〇〇	
（有形固定資産）	〇〇	⑧　退職給付引当金	〇〇	
建物	〇〇	その他	〇〇	
構築物	〇〇	固定負債合計	〇〇〇	
機械及び装置	〇〇			
工具、器具及び備品	〇〇	負債合計	〇〇〇	
土地	〇〇	（純資産の部）		
その他	〇〇	Ⅰ　株主資本		
（無形固定資産）	〇〇	資本金	〇〇	(A)
ソフトウェア	〇〇	資本剰余金		
借地権	〇〇	資本準備金	〇〇〇	(B)
その他	〇〇	その他資本剰余金	〇〇〇	(C)
		資本剰余金合計	〇〇〇	(D)
（投資その他の資産）	〇〇	利益剰余金		
③⎰投資有価証券	〇〇	利益準備金	〇〇〇	(E)
⎱関係会社株式	〇〇	その他利益剰余金		
出資金	〇〇	××積立金	〇〇〇	(F)
①　長期貸付金	〇〇	繰越利益剰余金	〇〇〇	(G)
⑦　長期前払費用	〇〇	利益剰余金合計	〇〇〇	(H)
その他	〇〇	自己株式	△〇〇	(I)
②　貸倒引当金	△〇〇	株主資本合計	〇〇〇	(J)
固定資産合計	〇〇〇			
Ⅲ　繰延資産				
⑦　開発費	〇〇			
繰延資産合計	〇〇	純資産合計	〇〇〇	(K)
**　　　資産合計**	**〇〇〇**	**　　　負債・純資産合計**	**〇〇〇**	

純資産の部（A）～（K）の表記は、株主資本等変動計算書上の（A）～（K）に対応。
表中①～⑧の表記は、本要領の目次における様式集対応勘定科目を示す。

損益計算書

自 平成〇〇年〇月〇日
至 平成〇〇年〇月〇日

(単位：円(又は千円))

項目	金額	
売上高		〇〇〇
売上原価		〇〇〇
売上総利益		〇〇〇
販売費及び一般管理費		〇〇〇
営業利益		〇〇〇
営業外収益		
受取利息	〇〇	
受取配当金	〇〇	
雑収入	〇〇	
営業外収益合計		〇〇
営業外費用		
支払利息	〇〇	
手形売却損	〇〇	
雑損失	〇〇	
営業外費用合計		〇〇
経常利益		〇〇〇
特別利益		
固定資産売却益	〇〇	
投資有価証券売却益	〇〇	
前期損益修正益	〇〇	
特別利益合計		〇〇
特別損失		
固定資産売却損	〇〇	
災害による損失	〇〇	
特別損失合計		〇〇
税引前当期純利益		〇〇〇
法人税、住民税及び事業税		〇〇
当期純利益		〇〇〇 (L)

当期純利益（L）の表記は、株主資本等変動計算書上の（L）に対応。

【記載上の注意】
〈貸借対照表〉
1．資産の部は，流動資産，固定資産，繰延資産に区分して表示する。
2．負債の部は，流動負債，固定負債に区分して表示する。
3．純資産の部の株主資本は，資本金，資本剰余金，利益剰余金，自己株式に区分して表示する。
　　資本剰余金は資本準備金とその他資本剰余金に区分する。利益剰余金は利益準備金とその他利益剰余金に区分する。
　　「評価・換算差額等」や「新株予約権」に該当する項目がある場合は，純資産の部に記載する。
4．貸倒引当金の表示方法は3通りから選択できる。
　①流動資産又は投資その他の資産から一括控除（様式の方法）
　②引当の対象となった各科目（売掛金等）毎に控除し，表示
　③引当の対象となった各科目から直接控除し，控除額を注記
5．有価証券について
　①以下の2つは「有価証券」として流動資産の部に計上する。
　　・売買目的有価証券
　　・事業年度の末日後1年以内に満期の到来する社債等
　②子会社及び関連会社の株式は「関係会社株式」として固定資産の投資その他の資産の部に表示する。
　③それ以外の有価証券については「投資有価証券」として固定資産の投資その他の資産の部に表示する。
6．有形固定資産の減価償却累計額の表示方法は3通りから選択できる。
　①償却対象資産（建物等）から直接減額し，減価償却累計額の金額を注記（様式の方法）
　②各償却対象資産を取得原価で表示し，各科目の下に減価償却累計額を控除形式で表示
　③各償却対象資産を取得原価で表示し，有形固定資産の最下行に一括控除形式で表示
7．リース取引を売買取引に係る方法に準じて処理する場合には，資産の部の固定資産に「リース資産」を計上し，負債の部に「リース債務」を計上する。

〈損益計算書〉損益計算書は売上高，売上総利益（又は売上総損失），営業利益（又は営業損失），経常利益（又は経常損失），税引前当期純利益（又は税引前当期純損失），及び当期純利益（又は当期純損失）を表示する。

〈附属明細書〉
計算書類に係る附属明細書としては，有形固定資産及び無形固定資産の明細，引当金の明細，販売費及び一般管理費の明細等を作成する。

※貸借対照表，損益計算書，株主資本等変動計算書，附属明細書の作成に際しては，企業の実態に応じて，適宜勘定科目等を加除・集約することができる。

株主資本等変動計算書

自 平成○○年○月○日
至 平成○○年○月○日

※純資産の各項目を横に並べる様式

(単位：円（又は千円））

	株主資本								純資産合計
	資本金	資本剰余金			利益剰余金				
		資本準備金	その他資本剰余金	資本剰余金合計	利益準備金	その他利益剰余金		利益剰余金合計	自己株式	株主資本合計	
						××積立金	繰越利益剰余金				
当期首残高	○○	○○○	○○○	○○○	○○○	○○○	○○○	○○○	△○○	○○○	○○○
当期変動額											
新株の発行	○○	○○○		○○○						○○○	○○○
剰余金の配当					○○		△○○○	△○○○		△○○○	△○○○
剰余金の配当に伴う利益準備金の積立て							△○○	○○			
当期純利益							○○○ (L)	○○○		○○	○○
自己株式の処分									○○	○○	○○
×××××											
当期変動額合計	○○	○○○	―	○○○	○○	―	○○○	○○○	○○	○○○	○○○
当期末残高	○○	○○○	○○○	○○○	○○○	○○○	○○○	○○○	△○○	○○○	○○○
	(A)	(B)	(C)	(D)	(E)	(F)	(G)	(H)	(I)	(J)	(K)

（注）当期変動額は、株主資本の各項目の変動事由ごとに変動額と変動事由を明示します。
表記（A）～（L）は、貸借対照表上の純資産の部（A）～（K）、損益計算書上の当期純利益（L）に対応。

資料 「中小企業の会計に関する基本要領」

株主資本等変動計算書
自　平成〇〇年〇月〇日
至　平成〇〇年〇月〇日

※純資産の各項目を縦に並べる様式

(単位：円(又は千円))

株主資本				
	資本金	当期首残高		○○
		当期変動額	新株の発行	○○
		当期末残高		○○　(A)
	資本剰余金			
	資本準備金	当期首残高		○○○
		当期変動額	新株の発行	○○○
		当期末残高		○○○　(B)
	その他資本剰余金	当期首残高及び当期末残高		○○○　(C)
	資本剰余金合計	当期首残高		○○○
		当期変動額		○○○
		当期末残高		○○○　(D)
	利益剰余金			
	利益準備金	当期首残高		○○○
		当期変動額	剰余金の配当に伴う利益準備金の積立て	○○
		当期末残高		○○○　(E)
	その他利益剰余金			
	××積立金	当期首残高及び当期末残高		○○○　(F)
	繰越利益剰余金	当期首残高		○○○
		当期変動額	剰余金の配当	△○○○
			剰余金の配当に伴う利益準備金の積立て	△○○
			当期純利益	○○○　(L)
		当期末残高		○○○　(G)
	利益剰余金合計	当期首残高		○○○
		当期変動額		○○○
		当期末残高		○○○　(H)
	自己株式	当期首残高		△○○
		当期変動額	自己株式の処分	○○
		当期末残高		△○○　(I)
	株主資本合計	当期首残高		○○○
		当期変動額		○○○
		当期末残高		○○○　(J)
純資産合計		当期首残高		○○○
		当期変動額		○○○
		当期末残高		○○○　(K)

(注) 当期変動額は、株主資本の各項目の変動事由ごとに変動額と変動事由を明示します。
表記 (A) ～ (L) は、貸借対照表上の純資産の部 (A) ～ (K)、損益計算書上の当期純利益 (L) に対応。

個別注記表
自 平成〇〇年〇月〇日　　至 平成〇〇年〇月〇日

1. この計算書類は、「中小企業の会計に関する基本要領」によって作成しています。

2. 重要な会計方針に係る事項に関する注記
   (1) 資産の評価基準及び評価方法
      ①有価証券の評価基準及び評価方法
         総平均法による原価法を採用しています。
      ②棚卸資産の評価基準及び評価方法
         総平均法による原価法を採用しています。
   (2) 固定資産の減価償却の方法
      ①有形固定資産
         定率法（ただし、平成10年4月1日以降に取得した建物（附属設備を除く）は定額法）を採用しています。
      ②無形固定資産
         定額法を採用しています。
   (3) 引当金の計上基準
      ①貸倒引当金　　債権の貸倒れによる損失に備えるため、一般債権について法人税法の規定に基づく法定繰入率により計上しています。
      ②賞与引当金　　従業員の賞与支給に備えるため、支給見込額の当期負担分を計上しています。
      ③退職給付引当金　従業員の退職給付に備えるため、決算日において、従業員全員が自己都合によって退職した場合に必要となる退職金の総額の〇％を計上しています。
   (4) その他計算書類作成のための基本となる重要な事項
      ①リース取引の処理方法
         リース取引については、賃貸借取引に係る方法により、支払リース料を費用処理しています。
         なお、未経過リース料総額は、〇〇〇円（又は千円）であります。
      ②消費税等の会計処理
         消費税等の会計処理は、税抜方式（又は税込方式）によっています。

3. 貸借対照表に関する注記
   (1) 有形固定資産の減価償却累計額　　　　〇〇〇円（又は千円）
   (2) 受取手形割引額　　　　〇〇〇円（又は千円）
   (3) 受取手形裏書譲渡額　　〇〇〇円（又は千円）
   (4) 担保に供している資産及び対応する債務　建物　　　〇〇〇円（又は千円）
   　　　　　　　　　　　　　　　　　　　　　土地　　　〇〇〇円（又は千円）
   　　　　　　　　　　　　　　　　　　　　　長期借入金　〇〇〇円（又は千円）

4. 株主資本等変動計算書に関する注記
   (1) 当事業年度の末日における発行済株式の数　　〇〇〇株
   (2) 当事業年度の末日における自己株式の数　　　〇〇〇株
   (3) 当事業年度中に行った剰余金の配当に関する事項
      平成〇〇年〇月〇日の定時株主総会において、次の通り決議されました。
         配当金の総額　　　　〇〇〇円（又は千円）
         配当の原資　　　　　利益剰余金
         一株当たりの配当額　〇円
         基準日　　　　　　　平成〇〇年〇月〇日
         効力発生日　　　　　平成〇〇年〇月〇日
   (4) 当事業年度の末日後に行う剰余金の配当に関する事項
      平成〇〇年〇月〇日開催予定の定時株主総会において、次の通り決議を予定しています。
         配当金の総額　　　　〇〇〇円（又は千円）
         配当の原資　　　　　利益剰余金
         一株当たりの配当額　〇円
         基準日　　　　　　　平成〇〇年〇月〇日
         効力発生日　　　　　平成〇〇年〇月〇日

製造原価明細書

自 平成○○年○月○日
至 平成○○年○月○日

（単位：円(又は千円)）

項目	金額
I　材料費	○○○
期首材料棚卸高（＋）	○○○
材料仕入高（＋）	○○○
期末材料棚卸高（－）	○○○
II　労務費	○○○
従業員給与	○○○
従業員賞与	○○○
従業員退職金	○○○
法定福利費	○○○
福利厚生費	○○○
III　経費	○○○
外注加工費	○○○
水道光熱費	○○○
消耗工具器具備品費	○○○
租税公課	○○○
減価償却費	○○○
修繕費	○○○
保険料	○○○
賃借料	○○○
研究開発費	○○○
その他	○○○
当期製造費用　計	○○○
期首仕掛品棚卸高（＋）	○○○
合計	○○○
期末仕掛品棚卸高（－）	○○○
他勘定振替高（－）	○○○
当期製品製造原価	○○○

販売費及び一般管理費の明細

自 平成〇〇年〇月〇日
至 平成〇〇年〇月〇日

(単位：円(又は千円))

項目	金額
販売手数料	〇〇〇
荷造費	〇〇〇
運搬費	〇〇〇
広告宣伝費	〇〇〇
見本費	〇〇〇
保管費	〇〇〇
役員報酬	〇〇〇
役員賞与	〇〇〇
役員退職金	〇〇〇
従業員給与	〇〇〇
従業員賞与	〇〇〇
従業員退職金	〇〇〇
法定福利費	〇〇〇
福利厚生費	〇〇〇
交際費	〇〇〇
旅費交通費	〇〇〇
通勤費	〇〇〇
通信費	〇〇〇
水道光熱費	〇〇〇
事務用消耗品費	〇〇〇
消耗工具器具備品費	〇〇〇
租税公課	〇〇〇
図書費	〇〇〇
減価償却費	〇〇〇
修繕費	〇〇〇
保険料	〇〇〇
賃借料	〇〇〇
寄付金	〇〇〇
研究開発費	〇〇〇
その他	〇〇〇
合計	〇〇〇

索 引

A～Z

ADR ································· 76
BIS ································· 64
BIS基準 ····························· 6
DDS ·························· 74, 75
DES ································· 74
M&B ································ 38
TTB ······························· 153
TTM ······························ 154
TTS ······························· 153

あ

後入先出法 ···················· 129

一般債権 ························ 122
一般担保・保証 ················ 16
移動平均法 ···················· 129

オプション取引 ············· 154

か

会社更生法 ················ 68, 69
会社分割 ·························· 74
会社法 ······················· 33, 89
外注加工費 ···················· 184
価格計算目的 ················· 173

確定決算主義 ············ 36, 49
貸倒懸念債権 ················· 122
間接費差異 ···················· 190
監督委員 ·························· 70

金融検査マニュアル ········ 15
金融商品取引法 ········ 33, 89
金融庁 ······················ 98, 223

繰延税金資産 ················· 164

経営意思決定目的 ········· 175
経費 ······························· 183
原価管理目的 ················· 174
原材料費 ························ 182
検査マニュアル ················· 7

合実計画 ··················· 40, 78
国際会計基準（IFRS） ········· 102, 103
固定費 ···························· 185

さ

最終仕入原価法 ············· 129
債務者区分 ················· 8, 15
財務諸表作成目的 ········· 173
債務免除 ·························· 74
材料受入価格差異 ········· 189

249

材料費差異 …………………… 189	売買取引 …………………… 146
先入先出法 …………………… 129	売買目的有価証券 …………… 124
	破産更生債権等 ……………… 122
事業改善計画 ………………… 39	破綻懸念先 ………………… 8, 10
事業再生計画 ………………… 65	破綻先 ……………………… 8, 13
自己査定制度 ………………… 90	
実質破綻先 ………………… 8, 13	分類債権 ……………………… 15
実抜計画 …………… 40, 78, 79	
	変動費 ………………………… 185
正常先 ………………………… 8	
善管注意義務違反 …………… 12	保全管理人 …………………… 69

ま

総平均法 ……………………… 129	民事再生法 ………………… 68, 70
その他有価証券 ……………… 127	民事調停法 …………………… 75
損益分岐点 ……………… 185, 186	

た

や

退職給付債務 ………………… 151	優良担保・保証 ……………… 16
中小企業庁 ………………… 98, 223	要管理先 ……………………… 10
調停委員 ……………………… 75	要注意先 …………………… 8, 9
賃貸借取引 …………………… 147	予算管理目的 ………………… 174

ら

定額法 ………………………… 135	ランクアップ …………… 30, 80
定率法 ………………………… 135	ランクダウン ……… 30, 40, 66
テイル・ヘビー ……………… 37	
デリヴァティブ取引 ………… 154	リスケ ……………………… 37, 73
当期製品製造原価 …………… 214	
	労務費 ………………………… 183

は

売価還元原価法 ……………… 129	労務費差異 …………………… 189

【著者略歴】

増田　正志（ますだ　まさし）

1949年　生まれ
1973年　千葉大学人文学部卒業
1999年度　名古屋工業大学大学院工学研究科講師
2004年度　国立大学法人名古屋工業大学監事
公認会計士，公益社団法人日本証券アナリスト協会検定会員
国立大学法人東京農工大学監事
国立研究開発法人国立がん研究センター監事
国立研究開発法人国立精神・神経医療研究センター監事
独立行政法人国立美術館監事
公益社団法人日本ユネスコ協会連盟監事

〈主な著作〉
『学校法人会計実務詳解ハンドブック』（共著）同文舘出版
『決算書分析ＡＢＣ』（共著）銀行研修社
『図説早分かり　連結決算書入門』（共著）銀行研修社
『建設業の経理実務詳解』（編著）中央経済社
『学校法人の会計実務詳解』（共著）中央経済社
『学校法人会計入門』（共著）税務経理協会
『金融マンの会計と証券の基礎知識』（単著）税務経理協会
『病院会計入門』（単著）税務経理協会
『国立大学法人会計実務入門』（単著）税務経理協会

平成28年9月30日　初版発行　　　　　　　　略称：中小企業改善

あなたの会社、金融機関はどう見てる？
中小企業の経営改善と会計の知識

著　者　Ⓒ　増　田　正　志
発行者　　　中　島　治　久

発行所　同文舘出版株式会社
東京都千代田区神田神保町1-41　〒101-0051
営業 (03) 3294-1801　　編集 (03) 3294-1803
振替 00100-8-42935　http://www.dobunkan.co.jp

Printed in Japan 2016　　　　　　　　　　製版　一企画
印刷・製本　三美印刷

ISBN978-4-495-20501-0

JCOPY〈出版者著作権管理機構　委託出版物〉
本書の無断複製は著作権法上での例外を除き禁じられています。複製される場合は、そのつど事前に、出版者著作権管理機構（電話 03-3513-6969, FAX 03-3513-6979, e-mail: info@jcopy.or.jp）の許諾を得てください。